영화로 떠나는 불교여행

영화로 떠나는 불교여행

지 은 이_월 　 호
펴 낸 이_조 승 식
펴 낸 곳_도서출판 이치
출판등록_제9-128호
주　　　소_142-877 서울시 강북구 라일락길 36
www.bookshill.com
E-mail: bookswin@unitel.co.kr
대표전화_02-994-0583(代)
팩시밀리_02-994-0073

2005년 5월 25일　제1판 1쇄 발행
2009년 7월 15일　제1판 9쇄 발행

값 9,800원
ISBN_89-91215-23-8 93000

※ 잘못된 책은 바꿔드립니다.

　이 도서는 북스힐에서 기획하여 도서출판 이치에서
　출판된 책으로 도서출판 북스힐에서 공급합니다.
　142-877 서울시 강북구 라일락길 36
　전화_02-994-0071 팩스_02-994-0073

영화로 떠나는 불교여행

월호 지음

이치
ichi

"내 오직 만족함을 알 뿐"(吾唯知足)

영화로 불교를 만났다

살다보면 첫눈에 반해 버리는 사람을 만나는 경우가 있다. 아무런 말도 없었지만 왠지 지워지지 않는 사람, 우리는 그를 인연의 사람이라고 한다.

인연, 그것은 오래 들어도 여전히 가슴이 설레는 말이다. 인연이란 이 지구상의 어느 한곳에 조그마한 바늘 하나를 꽂아 놓고 하늘에서 겨자씨가 나풀나풀 떨어져 그 바늘 위에 꽂힐 확률로 만나게 되는 것이라고, 책 속의 영화는 말한다. 그런 인연의 삶이라면 첫눈에 알아보지 못하는 것이 이상한 일이다. 영화 〈번지 점프를 하다〉의 인우와 태희는 사랑하지만 사랑을 이루지 못한다. 태희는 죽어 인우의 제자 현빈이 되어 다시 인우 앞에 나타나고, 인우는 현빈에게서 지난날 사랑했고 지금도 잊지 못하는 태희의 모습을 본다. 인연의 사람들인 것이다. 모습이 달라지고 성(性)이 바뀌었어도 여전히 느끼고 알아 볼 수 있는 이 인연의 지중함. 그 둘은 함께 사랑을 찾아 이 세상이라는 무대와 현재라는 시간을 버린다. 함께 번지 점프를 하며 그 둘은 웃으며 얘기한다. 다음 생에도 사랑하자고. 아름답다. 사랑의 아름다움이 물씬 느껴진다. 그런 사랑이라면 충분히 목숨을 걸고 해보고 싶은 유혹을 느낄 만도 하다.

그러나 저자는 그것은 진정한 사랑이 아니라고 한다. 다만 애착일 뿐이라고 한다. 저자가 말하는 진정한 사랑이란 애착을 떠나는 것이고, 둘 다 윤회의 고통을 벗어나도록 해주는 것이다. 사랑에 대한 나의 발걸음을 멈추게 한다. 나는 비로소 저 지독한 사랑의 아름다움에서 눈을 돌린다. 인연도 사랑도 모두 애착의 흔적이었음을 알게 된 것이다. 사랑의 아름다움은 환상이고 진실은 고통이라는 것을. 애착은 결국 윤회를 낳는다는 것을 나는 보게 된 것이다. 각 영화의 말미마다 '만약 달마가 영화를 보았다면 이렇게 말했을 것'이라는 대목은 우리를 삶의 진실에 눈뜨게 한다.

이 책은 모두 일곱 장으로 구성되어 있다. '삶과 죽음'이란 주제를 시작으로 '마음의 안테나를 세워라'는 주제로 끝을 맺고 있다. 선택된 영화들도 우리가 많이 본 영화들이다. 주제의 일반성 그리고 영화의 친근성이 함께하여 우리들에게 쉽게 다가온다. 각각의 편마다 개진되는 저자의 불교적 식견은 우리들을 넓은 불법의 바다로 이끄는 훌륭한 길라잡이가 된다.

저자인 월호 스님은 이미 출가 이전부터 불교를 잘 알던 사람이다. 출가 이전에 이미 대학에서 불교를 강의했고, 그런 그의 불교적 소양은 고산 큰스님을 만나 더욱더 깊어진다. 단순히 이해하던 불교에서 체험하고 행하는 불교로 심화된 것이다. 강원을 졸업하고 제방선원에서 정진한 후, 큰스님 밑에서 전강을 받고 있는 그는 지금 지리산 국사암에 살고 있다. 큰 스님 가르침 아래서 깊어가는 그의 식견은 이제 하나의 사실을 불교적으로 회통할 만큼 탄탄한 것이 되었다.

이 한 권의 책은 그의 탄탄한 불교적 소양의 산물이다. 영화도 읽고 불교도 만나고 그리고 생각의 여백도 메울 수 있게 하는 것이 이 책의 장점이다. 분명하게 다가서는 영화의 의미들, 그리고 쉽게 다가오는 불교적인 해석들은 우리들에게 삶의 창을 여는 지혜를 일깨우기에 손색이 없다.

이 책의 또 다른 특징은 각 편의 말미에 달마의 해석이 실려 있다는 것이다. 나는 문득 이런 생각을 한다. 달마가 이 책을 본다면 어떻게 평을 했을까, 하고 말이다. 독자들도 스스로 달마가 되어 한마디를 염두에 두고 이 책을 읽어 나간다면 훨씬 재미있는 책을 만날 수 있을 것이다.

영화의 장면이 지나가듯 모든 것은 다 흘러가게 되어 있다. 산 빛도 햇살도 어제의 얼굴이 아니다. 나는 날마다 새로운 산 빛과 햇살의 얼굴을 만난다. 산에 살아 좋은 이유다. 내 이런 삶의 모습을 영화는 이미 그렸으리라. 우리 모두의 삶의 모습 역시 영화는 그려 가고 있다. 영화는 결국 인생의 모습이니까. 이제 우리는 이 책을 만나 우리들의 삶의 풍경들이 지닌 의미를 알게 될 것이다. 이제 나는 이 책을 만나 비로소 이 삶에 고개를 끄덕인다. 햇살이 참 좋다.

성전 스님(불교방송 '행복한 미소' 진행자)

한 스님이 참선을 하고 있는 도중 머리 없는 귀신이 나타났습니다. 스님은 말했습니다. "넌 참 좋겠다. 머리가 없으니 골치 아플 일도 없고, 머리 쓸 일도 없으니 말이야." 귀신은 머쓱해 사라졌습니다.

이번에는 배가 없는 귀신이 나타났습니다. 역시 스님은 말했습니다. "너도 참 좋겠다. 배가 없으니 배고플 일도 없고, 배 아플 일도 없겠지."

마지막으로 다리 없는 귀신이 나타났습니다. 스님은 말했죠. "너도 참 좋겠다. 다리가 없으니 넘어질 일도 없고, 다리 아플 일도 없어서."

얼마 전 사십구재에 참석해서 영단을 향해 일렀습니다. "시원하겠습니다. 더 이상 몸뚱이 관리해줄 일 없으니 얼마나 시원하겠습니까?"

죽음 이후의 세계를 실감나게 다룬 영화들을 보면서, 감탄을 금치 못한 적이 있습니다. 설악산의 한 선방에 살 때는 영화의 위력을 실감한 적도 있었고요. 포행 시에 마주치는 아이들이 우리 스님들을 쳐다보며 이런 말을 하는 것을 종종 들었습니다. "엄마, '달마야 놀자'다."

작년에는 해인사 강원에서 학인스님들을 가르치면서, 어려운 한문경전을 영화에 빗대어 설명해보니 효과만점이었습니다. 이 책을 펴내게 된 주요한 동기가 되었지요.

이 책은 총 33편의 영화를 7개의 큰 주제로 나누어 다루고 있습니다. '삶과 죽음'의 문제로 시작해서 '본마음 참나'를 추구하며, 궁극적으로 '누가 진정한 영웅이며 누가 바보인가'를 짚어봅니다. '자비'의 진정한 의미와 함께 '운명은 바꿀 수 있는가'를 알아보고, '나는 누구인가'에 이어 '마음의 안테나를 세우라'는 주제로 글을 맺고 있습니다. 각 장의 끝에는 '영화보다 재미있는 불교 이야기' 코너를 마련하여 잠시 쉬어가도록 하였습니다.

각 영화는 불교에서 애송하는 게송들로 맺고 있습니다. '달마, 이 영화를 말한다' 라는 코멘트로 영화의 주제를 압축해서 평하고 있다고나 할까요. 아울러 한글 음과 간단한 풀이를 붙여서 독자들의 이해를 도왔습니다. 재미있으면서도 유익한 글이 되기를 바라는 염원을 담고 있습니다.

무엇보다도 컴퓨터가 없었다면 이러한 책은 엄두도 내지 못했겠지요. 극장마다 돌아다니면서 같은 영화를 몇 번씩 보며 대사 따내기도 어렵고, 영화 장면을 담아내기도 수월치 않았을 테니 말입니다. 해인사의 범진 스님은 컴맹에 가까운 필자에게 많은 영화자료를 찾아 주었습니다. 쌍계사의 신훈 스님은 33편의 영화 말미에 붙인 게송에 한글 음을 달고 풀이를 붙이도록 도와주었고요. 흔쾌히 정감어린 추천사를 써주신 성전 스님, 뒤표지를 멋지게 장식해주신 불교신문 하정은 기자님, 조선일보 김한수 기자님, 영화평론가 하재봉 님께 진심으로 감사의 말씀드립니다. 영화와 불교의 만남이라는 전혀 새로운 시도를 과감히 책으로 엮어주신 이치 출판사 조승식 사장님과 원고를 세심히 다듬어준 편집진에게도 감사의 말씀을 드립니다.

나날이 녹음이 짙어가는 국사암 염화실의 허공벽화를 내다보면서 부처님의 막중한 공덕을 떠올립니다. 불법에 인연을 맺어주신 어머님께 감사드리며, 존경하는 은사스님께 머리 숙여 감사드립니다.

불기 2549년 부처님 오신 달에 월호 和南

차 례

PART I

삶과 죽음이란?

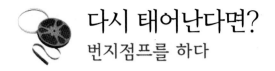

다시 태어난다면?
번지점프를 하다

"이번엔 여자로 태어나야지~."

"근데 나두 여자루 태어나면 어쩌지?"

"그럼 또 사랑해야지 뭐."

"하하하…"

뉴질랜드의 아름다운 강을 굽어보며, 두 남자는 함께 로프도 매달지 않은 채 점프를 한다. 교각에서 까마득히 먼 강 아래로. 지극히 사랑스런 표정으로 서로를 바라보며 손을 꼭 잡고서....

두 사람은 담임선생님과 학생의 관계이다. 고등학교 국어교사인 인우는 자신이 담임을 맡고 있는 반 학생인 현빈에게서 과거 애인이었던 태희의 모습을 발견한다. 태희는 17년 전 인우가 군에 입대하던 날, 마중을 나오다가 교통사고로 사망했다.

결국 인우는 다른 여자와 결혼을 하고 아이까지 낳고 살게 되지만, 17세의 고등학교 남학생인 현빈에게서 여러 모로 태희의 흔적을 발견하고, 자신도 제어할 수 없는 힘에 이끌려 어느덧 현빈에게 사랑을 느끼게 된다.

현빈은 처음에는 담임선생님에게 호감을 느꼈지만, 선생님의 지나친 관심과 주위의 근심어린 눈길로 인하여 마침내는 반발하고 만다.

어느덧 동성애자라는 소문과 함께, 인우는 학교를 떠나게 되고, 그제서야

:: 뉴질랜드의 번지점프대에 서서 지극히 다정한 표정으로 바라보는 인우와 현빈

현빈은 라이터에 그려진 자신의 전생모습을 보면서 점차 전생을 떠올리게 된다.

마침내, 전생에 인우가 기다리던 용산역으로 달려가는 현빈, 그는 이미 금생의 남학생인 현빈이 아니라, 전생의 여대생이었던 태희로 바뀌게 된다.

이렇게 해서, 17년 만의 재회가 이루어지고, 인우는 기억을 되찾은 현빈과 함께 전생에 지리산 꼭대기에서 약속했던 것처럼 뉴질랜드로 떠나게 된다. 번지점프를 하기 위해서.

이 영화는 윤회전생의 모습을 심플하면서도 정확하게 묘사해주고 있다. 또한 담담하게 죽음을 맞이하는 두 사람의 모습을 통해서, 죽음은 단순한 끝이 아니라 또 하나의 시작임을 알려주고 있다.

육신의 삶과 죽음, 그것보다 더 질긴 것은 마음의 애착이다. 전생에 죽도록 사랑했으므로, 금생에는 몸을 바꿔 함께 동성, 그것도 스승과 제자의 인연으로 만났음에도 불구하고, 서로가 이끌리는 감정을 억누를 수는 없었던 것이다. 인연이란, 영화에서 밝힌 것처럼 이 지구상 어느 한곳에 조그만 바늘 하나를 꽂아놓고 하늘에서 겨자씨가 나풀나풀 떨어져서 그 바늘 위에 꽂힐 확률, 그 계산할 수도 없는 확률로 만나게 되는 것이다.

이 정도의 애착이라면, 다음 생에 설혹 함께 여자의 몸을 받는다 하더라도, 결국은 다시 사랑할 수밖에 없을 것이다. 애착의 찌꺼기가 완전 연소될 때까지는 계속 태워야하기 때문이다.

이토록 극진한 사랑은 가슴 아프다. 그럼에도 불구하고, 사람들은 저마다 멋진 사랑에 빠지는 환상을 갖는다. 가슴앓이를 할지언정 진정한 사랑을 구하는 것이다. 그러나 진정한 사랑은 어떤 것일까?

대부분의 사랑은 중도에 퇴색된다. 마음이 변하거나 상황이 변함으로써 결국 탈만큼 타면 꺼지는 불씨처럼 다 타버리고 만다. 미적미적 타느냐, 급격히 타느냐의 차이만 있을 뿐이다. 서로의 마음이 한결같아서 가장 잘된 경우가 이 영화의 케이스라고나 할까? 하지만 이 영화의 사랑 또한 내생에서 또 내생에 이르도록 과연 영원할까?

사랑도 미움도 없으면 근심 걱정 괴로움도 없을 텐데 사람들은 왜 사랑에 빠지고 싶어할까? 그것은 무지에서 비롯한 인간의 속성일까, 아니면 주위에서 그렇게 분위기를 만들기 때문일까?

진정한 사랑과 애착은 구별되어야 한다. 애착이란 결국 윤회의 굴레 속에서 서로의 발목을 붙잡는 것이다. 진정한 사랑이란 스스로도 윤회의 굴레에서 벗어나고 상대방도 윤회의 굴레에서 벗어날 수 있도록 도와주는 것이 아닐까?

:: 마침내 재회하게 된 인우와 현빈. 기차 차창에 현빈이 태희로 오버랩된다.

삼 계 유 여 급 정 륜
三界猶如汲井輪하니   삼계는 마치 물 긷는 우물의 도르래와 같으니

백 천 만 겁 역 미 진
百千萬劫歷微塵이로다   백천만 겁 동안 얼마나 많이 거쳐[윤회하여] 왔던가

차 신 불 향 금 생 도
此身不向今生度하면   이 몸을 이번 생에 제도하지 못하면

갱 대 하 생 도 차 신
更待何生度此身고   다시 어느 생을 기다려 이 몸을 제도할꼬?

『석문의범(釋門儀範)』

풀이

1. '三界'란 욕계, 색계, 무색계로서 육도 중생이 사는 모든 장소를 가리킨다.

2. '猶如'에서 '猶'는 '같다'는 뜻으로 '如'과 함께 쓰여 '마치 …와 같다'라고 해석한다.

3. '輪'은 여기서는 '바퀴'라고 해석하지 않고, 우물에 매달린 '도르래'를 말한다.

4. '劫'이란 가로, 세로 40리(里)에 높이 40리가 되는 큰 바위가 선녀의 옷자락에 닳아 없어지는 시간을 말하는 것으로 가장 긴 시간을 나타내는 단위이다.

5. '微塵'이란 미진수(微塵數), 즉 헤아릴 수 없이 많은 수이다.

6. '向'이란 가까운 미래의 시제를 나타내는 말로 해석은 생략하지만 그 속에는 '가까운 미래의 언제쯤에나'하는 뜻을 가지고 있다.

7. 한문에서 '何'는 의문부사 중 대표적인 글자로서 '어찌, 무엇, 어느' 따위의 뜻으로 쓰인다.

8. 불교에 삼난(三難)이라는 표현이 있다. 인간으로 태어나는 것, 불법을 만나는 것, 깨달음을 얻는 것이 어렵다는 표현이다. 마치 눈먼 거북이가 우연히 수면 위로 떠올라 구멍난 나무토막을 만나는 것처럼 힘들다고 해서 맹구우목(盲龜遇木)이라고도 한다.

9. 『석문의범』은 불교의 제반의식과 행사에 대한 규범을 모아놓은 책이다.

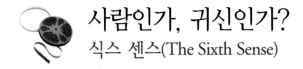

사람인가, 귀신인가?
식스 센스(The Sixth Sense)

"옛날에 말콤이라는 남자가 살았어. 아이들 치료하는 일을 했지. 그 일을 좋아했단다, 이 세상 무엇보다도.

그런데 어느 날 실수한 걸 알게 됐어. 한 아이를 돕지 못했거든. 그 사실을 잊지 못해 괴로워하던 남자는 그 후로 변해버렸지. 예전의 그가 아니었어. 아내는 변해버린 남편을 싫어하게 됐고, 서로 남처럼 말도 안 하게 됐단다.

그러던 어느 날, 남자는 한 멋진 소년을 만났지. 멋진 꼬마신사였어. 전에 실패했던 아이와 너무 닮았어. 남자는 그 애를 돕기로 결심했단다. 그렇게 하면 먼저 실패했던 아이 또한 돕는 거라는 보상심리에서…"

말콤 박사는 아동심리치료 분야에서 탁월한 업적을 인정받고 있었다. 그러던 어느 날 한 낯선 남자가 집으로 침입한다. 그는 말콤 박사로 인해 자신의 삶이 엉망이 되었다며, 박사에게 원망의 총부리를 겨누었다. 마침내 권총은 발사되고, 그 사내는 자살했다. 10년 전 말콤에게서 정신과 치료를 받던 빈센트라는 소년과의 약속을, 말콤이 깜박했던 것이었다.

다음 해 가을, 말콤은 콜이라는 소년을 만난다. 콜 역시 과거의 빈센트와 마찬가지로 부모의 이혼으로 인해 편모슬하에서 자라는 정신불안증 환자였다.

치료에 전념하던 말콤은 콜이 영혼에 관해 말하는 것을 듣고는 심각한 상태라고 판단한다. 환시현상과 과대망상으로 일종의 아동정신분열증이라는 진

:: 말콤에게서 정신과 치료를 받던 빈센트라는 인물이 말콤을 찾아와 원망의 총부리를 겨눈다.

단을 내리고 그만 손을 떼려한다. 하지만 콜의 간절한 요청에 의해 진지하고 참을성 있게 대화를 해나가는 가운데, 점차 콜의 진실을 믿게 된다.

한편 귀신들이 출몰하는 모습에 괴로워하던 콜은 말콤의 조언에 힘입어 무조건 도망 다니지만은 않게 되고, 그들이 무엇을 바라는가를 알아내어 해결해주게 된다.

이렇게 콜의 공포심을 해결해줌으로써, 말콤은 과거의 빈센트에 대한 죄책감에서 벗어나게 되고 아내에게 돌아가지만, 결국 자신 또한 귀신이었음을 알게 된다.

사고나 뜻하지 않은 일로 인해 급작스런 죽음을 당하게 되면, 영혼은 그 자리를 맴돈다고 한다. 자신의 죽음을 실감하지 못하는 것이다. 자신의 마음속에 담겨진 특별한 애착을 해결할 때까지 그 자리를 떠나지 못하고 이승과 저승의 중간에서 떠도는 영혼, 즉 중음신이 되는 것이다.

영화에서 콜은 말한다.

"제 비밀을 말씀드릴까요? 죽은 사람들이 보여요."

"꿈속에서?"

"아뇨."

"깨어있을 때?"

"예."

"무덤이나 관에 누운 사람들이니?"

"아뇨, 보통사람들처럼 걸어 다녀요. 근데 서로를 보진 못해요. 보고 싶어 하는 것만 보거든요. 자기들이 죽었다는 것도 몰라요."

"자주 보이니?"

"항상요. 사방에 있는 걸요."

　　보고 싶어 하는 것만 보는 것은 살아있는 사람들도 마찬가지가 아닐까? 눈은 떠 있고 귀는 항상 열려있지만 자신이 관심 두는 것만 보고 들으며 살아가는 것이다. 예컨대 똑같은 산을 오르더라도, 식물학자는 풀과 나무를 유심히 볼 것이며, 조류학자는 새의 울음소리에 온 정신을 집중할 것이다. 관광객에게 산은 즐거운 유람처가 되겠지만, 군인에게는 작전고지로서의 지형지물로 인식될 뿐이다.
　　귀신들에게 있어 문제는 자신들이 죽었다는 것을 모른다는 데 있다. 마음의 애착이 풀릴 때까지 매번 똑같은 행위를 반복하며 그 주위를 맴돌게 된다. 영가를 위해서 사십구재나 천도재를 지내주는 것은, 본인이 죽었다는 사실을 알려주는 한편, 마음에 맺힌 것을 풀어주는 법문을 들려주는 것이다.
　　이 영화의 경우와 같이 마음속의 맺힘이 어느 정도 해탈되어져야 비로소 자신이 가야할 곳으로 가게 된다.
　　그렇다면 그 곳은 또 어디일까?

:: 콜과 대화를 나누는 말콤

생 야 일 편 부 운 기
生也一片浮雲起요   태어남은 한 조각의 뜬구름 일어남이요

사 야 일 편 부 운 멸
死也一片浮雲滅이라   죽음도 한 조각의 뜬구름 사라짐이라

부 운 자 체 본 무 실
浮雲自體本無實하니   뜬구름이란 자체가 본래 실체가 없으니

생 사 거 래 역 여 연
生死去來亦如然이로다   태어나고 죽음과 가고 옴이 또한 이와 같도다

『석문의범(釋門儀範)』

풀이

1. '也'는 여러 가지 뜻이 있으며 대표적으로는 글의 말미에 쓰여 종결사 '…이다'라 는 뜻으로 쓰지만, 여기서처럼 문장 중간에 위치하면 '또한', '…도'라는 뜻을 내포 하는 접속사의 의미로 쓴다.

2. '本'이 여기서는 부사로서 '본래'라고 해석한다.

3. '實'은 보통 '열매'라는 뜻이나, 여기서는 '허(虛)'의 반대인 '참'이란 뜻으로 쓰였 다.

4. '如'는 '똑같이', '然'은 '그러하다'의 뜻이니 합하여 '똑같이 그러하다', '다름이 없다'는 뜻이며, 그렇게 해석하면 된다. 그러나 사실은 '然'은 '그러한 모습'이라는 의미를 나타내어 의태어를 만드는 조사의 역할을 하고 있다. 그래서 '똑같은 모습 을 하고 있다'라는 뜻을 내포하고 있는 것이다.

5. 이 몸뚱이가 저 구름과 같아서 실체가 없는 것이다. 인연따라 일어났다 인연따라 사라질 뿐이니, 어디서 왔다가 어디로 가느냐고 묻지 말라.

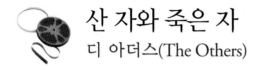

산 자와 죽은 자
디 아더스(The Others)

"부인께 알려드리러 왔어요."

"대체 무엇을?"

"이 집의 새로운 상황에 대해서요."

"무슨 상황?"

"산 자와 죽은 자가 함께 살아야 되죠."

"아! 유령이라면 우릴 그냥 놔둬! 그냥 놔둬! 그냥 놔두라구!"

1945년 한 섬의 외딴 집에서는 어느 날 갑자기 하인들이 아무런 말도 없이 사라지는 일이 발생한다. 이 집의 주인은 두 아이를 둔 밀스 부인으로, 부인의 남편은 집을 떠나 전쟁터로 간 지 1년 반이 지났는데도 아무런 소식이 없고, 딸 앤과 아들 니콜라스는 빛에 알레르기가 심하다. 그래서 하루 종일 커튼을 치고 살아야 한다.

어느 날 집에는 광고도 내지 않았는데 낯선 사람들이 나타나고, 그들은 과거에 이 집에서 일한 적이 있다며 하인을 자처한다. 거기다 남편은 갑자기 돌아와 지내다가 다시 전쟁터로 가야한다며 떠나버린다. 그리고 침입자가 나타나 커튼을 떼어내 버리는 일도 생긴다. 하인들의 짓일까, 아니면 유령들의 짓일까?

밀스 부인은 하인들을 내쫓아버리지만, 마당에서 그들의 묘비를 발견하고 그들이 이미 50여 년 전에 결핵으로 죽은 이들임을 알게 된다. 지금까지 그녀는

:: 광고도 내지 않았는데 하인 될 것을 자처하며 나타난 세 사람

유령들과 살고 있었던 것이다.

또 어느 날 영매사가 나타나 앤과 니콜라스에게 묻는다.

"너희들 죽었으면서 왜 여기 남아있니?"

"우린 안 죽었어요."

"왜 여기 남아있냐구?"

"안 죽었어요. 안 죽었다구요."

알고 보니 침입자들은 산 자들이었다. 부인을 비롯한 아이들은 죽은 자들이었던 것이다.

죽음에 관한 단 하나의 진실은 '아무도 죽지 않는다'는 것이다. 단지 몸뚱이만 바뀔 뿐이다.

죽음 이후의 세계에 관해서는 두 가지로 생각해볼 수 있다. 그 첫째는 죽고 나면 아무것도 없는 경우이다. 이 말대로 죽음과 함께 모든 것이 끝이라면, 아무것도 걱정하거나 대비할 필요가 없다. 인생은 단막극으로서 막을 내리기 때문이다. 따라서 이런 경우는 더 이상 논의의 여지가 없다.

그 두 번째는 죽고 나서도 '정신적인 그 무엇'이 남아있는 경우이다. 이 경우는 결국 죽지 않음을 말해준다. 비록 육체는 소멸한다 하더라도 여전히 남아있는 '그 무엇'이 있기 때문이다. 이러한 정신적 존재는 자신의 주파수에 맞는 자리를 찾아가기 마련이다. 새로운 몸을 받아 태어나는 것이다.

따라서 선가(禪家)에서는 죽음을 '옷 갈아입을 뿐'이라고 표현한다. 여기에 세 가지 경우가 있다. 더 좋은 옷을 갈아입는 경우와 더 나쁜 옷을 갈아입는 경우, 그리고 아직 갈아입지 못하고 대기하고 있는 경우.

더 좋은 옷을 갈아입는 경우, 죽음은 오히려 환영할 만한 일이다. 살아생전 복덕을 많이 지었거나 마음공부를 잘한 사람들의 경우가 이렇다. 이런 사람들의 죽음은 슬퍼할 일이 아니다. 박수 치고 기뻐할 일이다. 다만 남아있는 사람들의 여한이 있어 슬퍼할 수는 있어도, 간 사람에게는 잘된 일이다.

더 나쁜 옷을 갈아입는 경우, 죽음은 한탄스러운 일이다. 살아생전 박복한 업을 지었거나 마음공부를 소홀히 한 사람들이 이런 예에 해당된다. 이런 사람들의 죽음은 안타까운 점이 많다. 하지만 남아 있는 사람들에게는 잘된 일이다. 세상의 어두움이 덜어지기 때문이다.

마지막으로, 아직 옷을 갈아입지 못하고 대기하고 있는 경우가 있다. 급작스런 사고 등으로 스스로의 죽음을 인정하지 못하거나 앞길이 불투명해 길을 못 떠나는 경우가 여기에 해당된다. 이렇게 본인들이 헤메고 있는 때에 재를 올려 공양을 베풀고 경전독송과 법문을 통해 의식을 안정시키고 고양시켜주는 것은 바람직한 일이다.

:: 자신들이 유령인 줄 모르고, 도리어 유령에게 시달리고 있다고 생각하는 밀스 부인과 아이들

그러나 무엇보다도 중요한 것은, 살아생전에 마음공부를 열심히 하고 복업을 짓는 일이다. 불생불멸(不生不滅)의 이치에 입각해볼 때 결국 잘 사는 이가 잘 죽기 때문이다.

일체제중생   신심   개여몽
一切諸衆生의 身心은 皆如夢하야

일체 모든 중생의 몸과 마음은
모두 허깨비와 꿈과 같은지라

신상   속사대   심성   귀육진
身相은 屬四大하고 心性은 歸六塵하나니

몸의 형상은 사대(四大)에 속하고
마음의 성품은 육진(六塵)에 귀결
되나니

사대체각리   수위화합자
四大體各離하면 誰爲和合者리오

사대의 체가 각각 흩어지면 누가
화합된 자(者)가 되리오

『원각경(圓覺經)』

풀이

1. 여기서 '相'은 '서로'라는 뜻이 아니라 용모, 즉 '어떤 사물의 형태'를 나타내는 말
   이다.

2. '四大'란 물질을 이루는 4가지 요소인 지(地), 수(水), 화(火), 풍(風)을 말한다.

3. '六塵'이란 '六境'과 같은 말로서 안(眼), 이(耳), 비(鼻), 설(舌), 신(身), 의(意)의 대
   상이 되는 색(色), 성(聲), 향(香), 미(味), 촉(觸), 법(法) 여섯 가지를 말한다. 사람 몸
   에 들어 본래의 맑은 마음을 더럽히기 때문에 진(塵:티끌 진)이라고 한다.

4. 여기서 '離'는 이별을 뜻하기는 하나 그 속에는 '사대가 뿔뿔이 흩어지는 것'이란
   뜻을 가지고 있다.

5. 몸과 마음은 허망한 것이라 실체가 없다. 따라서 '내 것'이라는 소유의식이 있다면
   허망한 마음을 금할 길이 없다. '내 것'이 아니라, '내가 관리하는 것'이라고 생각
   함이 좋지 않을까?

6. 『원각경』은 깨달음의 궁극인 원각에 대한 부처님과 12보살의 대화를 담고 있는 경
   전이다.

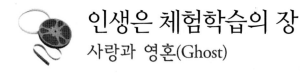

인생은 체험학습의 장
사랑과 영혼(Ghost)

"뭐하고 있는 거야? 도대체 뭐하고 있는 거야?"

"뭘 하고 있냐니, 무슨 뜻이에요?"

"넌 손가락으로 움직이려 하잖아. 너는 손가락으로 그걸 밀어낼 수 없어. 넌 죽은 놈이라고. 그건 마음에 달려있어. 문제는 네가 아직 살아있다고 생각한다는 거야. 너는 그 옷들을 입고 있다고 생각하나? 바닥에 쭈그리고 앉아 있는 것 같아? 웃기지 말라고 그래! 더 이상 몸은 갖고 있지 않아, 젊은이.

(머리를 가리키며) 그건 다 여기에 달린 거야. 무엇인가를 움직이고 싶다면, 마음으로 해야 해. 초점을 맞추어야해. 내가 뭐라고 하는지 알아듣겠어?"

"어떻게, 어떻게 초점을 맞추는데요?"

"나도 네가 어떻게 초점을 맞추어야 하는지는 몰라. 그냥 초점을 맞추어."

지극히 사랑하는 연인 사이인 샘과 몰리는 어느 날 괴한으로부터 불의의 습격을 받는다. 괴한의 총을 맞은 샘은 피를 흘리며 쓰러져있는 자신의 몸뚱이를 보게 되고, 그 영혼은 사랑하는 여인 몰리의 절규에 차마 길을 떠나지 못하고 그 주위를 맴돌게 된다.

알고 보니 이 사건에는 절친한 친구였던 칼의 음모가 숨어 있었다. 칼은 컴퓨터 안의 4백만 달러를 찾기 위해 괴한을 시켜 샘을 공격하게 하였던 것이다. 홀로 남은 몰리를 걱정해 마지않던 샘은 심령술사인 오다 매를 찾아가 도움

:: 샘은 심령술사인 오다 매에게 도움을 청한다.

을 청하게 되고, 오다 매는 샘의 영혼과 교신하며 몰리에게 사건의 전말을 알려주지만, 몰리는 이를 믿지 못한다. 결국 샘은 지하철 유령으로부터 물건 움직이는 법을 배워 몰리에게 자신의 존재를 알리고 오다 매를 시켜 4백만 달러를 찾아내 사회에 기부하도록 한다. 한편 그를 살해했던 괴한과 그를 조정했던 칼은 결국 시커먼 저승사자에게 끌려가게 된다.

의문의 사건이 해결된 뒤 샘은 오다 매의 몸을 빌려 몰리와 마지막 춤을 추고, 환한 빛이 나타난 가운데 서로 간에 마지막 사랑의 인사를 나눈 후 뒤돌아 환한 빛 속으로 걸어 들어간다.

어떤 분이 찾아와 물었다.

"스님께 꼭 묻고 싶은 말이 있습니다."

"예, 말씀해보시지요."

"저는 이런저런 인생의 경험도 할 만큼 해보았지만, 아직 이 세상에 왜 태어났는지를 모르겠습니다. 도대체 이 세상에 태어난 의미가 무엇인가요?"

"그걸 아직 모르십니까?"

"예."

"공부하러 왔습니다."

인생은 체험학습의 장이다. 마음공부를 위한 체험학습.

예컨대 어학을 공부한다고 하자. 그냥 책만 보고 공부하는 것보다는 오디오를 들어가며 하는 것이 훨씬 효과적이다. 거기다 비디오까지 갖추어진다면 금상첨화다. 나아가 현지에서 직접 현지인들과 몸으로 부딪쳐 생활하면서 공부할 수 있다면 최상일 것이다.

이 세상에 몸 받아 나온 것도 같은 이치가 아닐까? 몸뚱이가 있어야 하는 일마다 실감이 난다. 밥을 먹는 것도, 잠을 자는 것도, 사랑을 하는 것도, 수행을 하는 것도 그렇다. 이렇게 실감나게 공부해서 지속적으로 영혼을 순화시켜 마침내 더 이상 공부하지 않아도 되는 경지(無學), 할 일을 다해 일을 마친 경지에 이르기 위해서 몸 받아 나오는 것이다.

하지만 몸을 받음과 더불어 몸뚱이 착(着)이 생겨나, 어느덧 세상에 온 의미를 망각하게 된다. 몸뚱이 착을 만족시켜주느라 동분서주하다보면 어느새 제대로 된 공부 한 번 해보지도 못하고 죽음에 다다르는 경우가 태반이다.

세상에 오는 데는 순서가 있지만 가는 데는 순서가 없다. 홀연히 저승사자의 방문을 받게 되면 어떻게 대처할 것인가?

:: 마침내 편안한 마음으로 저승으로 떠나는 샘과 이를 지켜보는 몰리

삼 십 년 래 작 아 귀
三十年來作餓鬼라가　　　　삼십 년 동안 아귀 노릇을 하다가

여 금 시 득 복 인 신
如今始得復人身이로다　　　지금에야 비로소 사람의 몸을 회복했네

청 산 자 유 고 운 반
青山自有孤雲伴천만　　　청산은 저절로 저 외로운 구름이 짝하건만

동 자 종 타 사 별 인
童子從他事別人이로다　　　동자는 남을 쫓아 다른 사람을 섬겨왔네

　　　　　　　　　　　　　　　　　　　　　『마조록(馬祖錄)』

풀이

1. '餓鬼'란 육도(六道) 중의 하나로서, 악업에 대한 과보로 굶주림, 목마름, 고통의 괴로움을 받는 자이다.

2. '來'는 '과거로부터 시간이 흘러오다'란 뜻이다.

3. '得'은 '얻는다'는 뜻보다는 조동사로서 '~할 수 있는'이라는 뜻으로, '사람의 몸을 회복하였다'라고 해석한다.

4. '有'는 '어떤'이라는 의미를 가지며 굳이 해석하지는 않는다.

5. '事'는 여기서 '섬기다'라는 동사의 뜻으로 쓰였다.

6. 마조 스님은 평상심이 도라고 가르쳤다. 평상심이란 무분별심을 말한다. 너와 나, 선과 악, 사랑과 미움을 가르기 이전의 마음이다.

7. 『마조록』은 중국 당나라 당시에 활약한 마조도일(馬祖道一)선사의 어록이다.

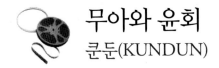

무아와 윤회
쿤둔(KUNDUN)

"수백 년 전, 한 아이가 티베트에 태어났습니다. 그의 이름은 갠딘둡이었습니다. 그가 태어나던 날 밤에 집에 강도가 들었습니다. 식구들은 목숨을 건지기 위해 아이를 숨겨두고 도망갔지요. 다음날 돌아와 보니 아이는 살아있었습니다. 검은 까마귀 한 쌍이 아이를 지키고 있었지요. 그분이 바로 관세음보살의 화신이신 초대 달라이라마였습니다.

우리는 달라이라마를 쿤둔이라 부르지요."

티베트에서는 달라이라마가 입적한 후 다시 환생해 이 세상에 돌아온다는 믿음이 있다. 그래서 달라이라마의 사후 몇 년이 지난 뒤, 그 나이 또래의 소년들을 찾아나서서 몇 가지 시험을 거쳐 쿤둔을 결정한다. 가령 전생에 쓰던 물건들과 다른 물건들을 나열해 놓고, 자기 것을 선택하도록 하는 것 등이 그것이다. 영화의 주인공 라모는 이러한 테스트를 거쳐 쿤둔으로 확정된 소년으로, 가족을 떠나 라싸의 포탈라궁으로 가서 살며 지도자로서의 교육을 받게 된다.

쿤둔이 아직 어려 정치문제가 섭정에 맡겨진 상태에서 이웃 나라인 중국이 공산화되고, 마침내 티베트를 무력 침공하는 일이 발생한다. 속수무책인 티베트는 결국 중국에 합병되고, 쿤둔은 제14대 달라이라마로서의 즉위식을 마치고 인도 접경지역으로 피신한다.

국민을 염려하여 다시 라싸로 돌아간 달라이라마는 모택동과의 회동을 통해 화해의 제스처를 보이지만, '종교는 아편'이라는 공산주의의 구호 앞에 무력함을 느끼고, 고심 끝에 인도로 망명하게 된다.

달라이라마가 망명을 고심하던 중 신탁을 받게 되는데, 거기에는 '여의주가 서구에서 빛을 발하게 되리라'는 예언이 들어있었다. 그 예언은 적중하여, 달라이라마가 비록 고국인 티베트에서는 떠나게 되었지만, 그로 인하여 티베트불교는 오히려 세계적인 관심과 주목을 끄는 계기가 마련되었다. 실제로 미국을 비롯한 서구유럽에서 티베트불교는 서구식 합리주의와 물질문명에 식상한 현대인들에게 신선한 충격과 감동을 안겨주며 계속 확산되어가는 추세에 있다.

한편 환생한 달라이라마를 다시 찾아내는 내용이 퍽 인상적이다. 과연 환생이란 어떤 것일까? 윤회는 무엇인가? 달라이라마가 환생한 것이라면, 무언가 윤회의 주체로서의 불멸의 '나'가 존재하는 것이 아닌가?

이러한 '나'를 찾으려는 노력을, 불교에서는 '물속에서 달을 건지려는 것(水中捉月)' '거울 속에서 머리를 찾으려는 것(鏡裏尋頭)' '배의 표식을 좇아 물속에 빠진 검을 구하려는 것(刻舟求劍)' '소를 타고 가면서 소를 찾으려는 것(騎牛覓牛)'에 비유하고 있다.

불교의 근본교리는 무아설(無我說)이다. 무아설이란, 그 어디에도 고정불변의 실체로서 존재하는 '나'란 없다는 말이다. 한편 이 말은, 시시각각 변화하는 가변적 존재로서의 '나'마저 없다는 의미는 아니다. '나'는 분명히 바로 지

:: 전생의 달라이라마가 쓰던 요령을 집어들고 흔드는 라모

:: 달라이라마는 결국 포탈라궁을 뒤로 하고 인도로 망명한다.

금 여기 존재한다. 기쁘면 웃고 슬프면 운다. 배고프면 밥 먹고 졸리면 잠잔다. 하지만 그 '나'는 찰나 생멸하는 '나'이다.

우리의 몸은 하루에도 수많은 세포들이 생멸하고 있다. 우리의 마음도 시시각각 변하고 있다. 이렇게 변화하고 있는 몸과 마음의 조합으로서 순간순간의 '나'를 떠나서 영원불멸한 존재로서의 '나'는 없다고 보는 것이 무아설이다.

그렇다면, 윤회를 어떻게 설명할 것인가? 예를 들어보자. 고요한 연못 한 가운데 돌을 던지면, 그 파문이 가운데서부터 가장자리로 물결치며 전달된다. 이때, 가운데 있던 물 그 자체가 가장자리로 옮겨가는 것은 아니다. 다만 파동이 전달될 뿐이다.

윤회도 이렇게 설명할 수 있다. 어떤 영원불멸한 고정된 실체로서의 '나'가 있어서 내생으로 옮아가는 것이 아니다. 다만 육신이 죽은 후 그 육신에 담겨져 있던 정신적 파동이 다음 생으로 전이된다고나 할까?

이렇게 보면, 달라이라마가 관세음보살의 후신이라는 말도 설명이 가능해진다. 즉, 관세음보살이라는 고정불변의 주체가 있어서 윤회한다고 생각해서는 안 된다. 오히려 관세음보살의 자비심을 갖고 자비행을 하는 이가 바로 관세음보살이라고 생각해야 한다. 다시 말해서 보살이라는 결정된 존재가 있어서 보살행을 하는 것이 아니라, 보살행을 하는 이가 바로 보살이라는 말이다.

대자대비심이라는 파동이 전이되어 금생에 여전히 대자대비행을 하고 있다면, 그가 바로 관세음보살이라고 말할 수 있지 않을까?

천 척 사 륜 직 하 수
千尺絲綸直下垂하니　　천척의 낚싯줄을 곧장 드리우니

일 파 자 동 만 파 수
一波纔動萬波隨라　　한 물결이 일어나니 만 가지 물결이 따라 일어나네.

야 정 수 한 어 불 식
夜靜水寒魚不食하니　　밤은 고요하고 물은 차가워 고기 물지 않으니

만 선 공 재 월 명 귀
滿船空載月明歸로다　　배에 가득 공연히 달빛만 싣고 돌아오는구나.

『금강경오가해(金剛經五家解)』

풀이

1. '直下'란 '당장에, 곧장'이란 뜻을 가지고 있다.

2. '纔'는 보통 겨우 '재', 잠깐 '재'로 쓰이지만 여기서는 '~하자마자'란 뜻의 '자'로 읽는다.

3. 한 생각 일으켜서 모든 것이 시작된다. 그 한 생각을 쉬면, 공적한 자리에 참다운 지혜가 밝고 밝은 것이다.

4. 『금강경오가해』는 금강경에 대한 다섯 스님의 주석을 함께 편찬한 책이다.

영화보다 재미있는 불교이야기

첫째 이야기

아들로 태어난 부관

　　　　　　　　1971년 여름, 인도불교대학의 초청을 받은 나는 영어회화를 익히고자 잠시 대구의 ECA학원에 다녔습니다. 주변 사람들에게 알리지 않고 몰래 다닌 것이었건만, 학원 수강생 중 나를 알아보는 이가 있어 삽시에 소문이 퍼졌습니다.

　　떡 본 김에 제사 지낸다고, 대구에 나온 김에 법문을 해달라며 여기저기서 계속 졸라대는 것이었습니다. 그러다보니 우연한 계기로 2군사령부 장교들 모임에 가서 저녁마다 한 시간씩 일주일 동안 법문을 하게 되었습니다.

　　나의 법문을 듣는 사람들 중 2군사령관의 불심은 특히 깊었습니다. 그는 2군사령부 안에 무열사(武烈寺)라는 T자형 군법당을 짓고 종각도 세우고 탱화도 봉안하는 등 많은 불사를 하였습니다.

　　그런데 법회를 마치는 날 사령관의 집안에는 매우 불행한 사건이 불어 닥쳤습니다. 당시 서울대학교에 재학 중이던 사령관의 외아들이 친구들과 함께 감포 앞바다로 해수욕을 갔다가 물에 빠져 죽은 것입니다.

　　이 사고로 2군사령부 전체는 초상집처럼 변해버렸습니다. 사령관은 먹지도 자지도 않고 방 안에만 들어앉아 있었으며, 거의 실신상태에 빠진 부인은 엎친 데 덮친 격으로 2층 계단에서 굴러 떨어져 머리를 크게 다쳤습니다.

　　이윽고 팔공산 동화사에서 아들의 49재를 지내게 되었습니다. 나는 다른 볼 일로 참석할 수 없었으므로 뒤늦게 그날 있었던 일을 전해 듣게 되었습니다.

　　스님들의 독경과 염불을 들으며 아들의 명복을 빌던 사령관이 갑자기 자리를 박차고 일어나 위패를 모신 영단을 향해 벽력같이 소리를 내질렀습니다.

"이 놈의 새끼! 모가지를 비틀어 죽여도 시원찮은 놈! 이 놈!"

감히 보통 사람으로는 입에도 담지 못할 욕설을 있는대로 퍼붓고는 재가 끝나지도 않았는데 법당을 뛰쳐나가 버렸습니다. 독경하던 스님과 재에 참석했던 사람들은 영문을 알 수 없는 돌발적인 소동에 어리둥절해 할 뿐이었습니다.

그날 밤 1시경, 2군사령부 헌병대장이 나를 데리러 왔습니다. 낮에 있었던 소동도 소동이지만 통행금지 시간이 넘은 야밤중에 헌병대장을 시켜 나를 데려오라고 한 데는 필시 까닭이 있으리라 짐작하며 사령관 공관으로 갔습니다. 가는 도중, 헌병대장은 사령관의 아들이 어떻게 죽었는지를 소상히 일러주었습니다.

"이번에 죽은 아들은 저희 사령관님의 금쪽같은 외동아들입니다. 친구 둘과 감포 해수욕장에 갔다가, 사람들이 많은 해수욕장을 피해 주위의 높은 바위 위로 올라갔습니다. 그 바위에서 다이빙을 하였는데, 친구 둘은 금방 물 위로 나왔으나 사령관의 아들만은 한참이 지나도 나오지 않았습니다. 이상하다 싶어 황급히 수색해보니 그 아들은 뾰족한 바윗돌에 명치를 찔려 숨져 있더라는 것입니다. 그토록 말 잘 듣고 착하던 외아들이 그렇게 죽었으니 어찌 분통이 터지지 않겠습니까?"

잠시 후 나는 사령관이 기거하는 내실로 안내되었습니다. 방 안에 촛불을 밝혀 놓고 따로이 자리 하나를 마련하여 내가 오기를 기다리고 있던 사령관은 내가 방으로 들어서자마자 절을 올리는 것이었습니다.

"스님, 제가 지금까지 불교를 믿기는 믿었어도 헛껍데기만을 믿고 있었습니다. 오늘부터는 불교를 진짜로 믿을 수 있을 것 같습니다."

'이게 도대체 무슨 소리인가?'

의아해하는 나에게 자리를 권한 사령관은 자신의 과거 이야기 한 편을 들려 주었습니다.

❧ ❧

"6·25사변 당시 저는 30여단장을 하고 있었습니다. 늘 자신감에 넘쳐 흘렀던 저는 백두산 꼭대기에 제일 먼저 태극기를 꽂기 위해 선두에 서서 부대원들을 지휘하며 북진에 북진을 거듭하고 있었습니다.

그런데 갑자기 이승만 대통령으로부터 전문이 날라왔습니다. '지휘관 회의가 있으

:: 백골에 예배하는 부처님(알고 보면 모두가 전생의 부모)

니 급히 경무대로 오라'는 것이었습니다. 저는 황급히 경무대를 향해 출발하면서, 평소 아끼고 신임하던 부관에게 거듭거듭 당부하였습니다.

'지금 들리는 소문에 의하면 중공군 수십만 명이 내려오고 있다고 한다. 한시도 경계를 게을리 해서는 안 된다. 만일 내가 시간 내에 돌아오지 못하면 부관이 나 대신 백두산 꼭대기에 태극기를 꽂아라.'

그런데 '가는 날이 바로 장날'이라더니, 그날 저녁 중공군 30만 명이 몰려와서 산을 둘러싸고 숨 쉴 틈 없이 박격포를 쏘아대는 바람에 우리 부대원들은 거의 대부분이 몰살 당하였습니다. 뒤늦게 급보를 받고 달려가 보니 눈뜨고는 볼 수 없는 처참한 광경이었습니다. 저는 급히 부관을 찾았습니다.

'부관은 어디 있는가?'

얼마 동안 찾다가 '어찌 그 와중에 부관인들 무사할 수 있었을까'하는 생각에 한가닥 희망조차 포기한 채 허탈한 마음으로 사무실에 앉아 있었습니다. 그때 당연히 죽었을 것으로 여겼던 부관이 쫓아 들어왔습니다.

　'살아 있었구나. 어떻게 너는 살아남을 수 있었느냐?

　'죄송합니다. 실은 이웃 온천에 있었습니다.'

　'온천? 누구와?'

　'기생들과 함께……'

　'너 같은 놈은 군사재판에 회부할 감도 되지 못한다. 내 손에 죽어라.'

　어찌나 부아가 치미는지 그 자리에서 권총 세 발을 쏘았고, 부관은 피를 쏟으며 나의 책상 앞에 고꾸라졌습니다.

　그것이 바로 21년 전의 일인데, 어찌된 영문인지 오늘 낮 아들의 위패를 놓은 시식상(施食床) 앞에 그 부관이 나타난 것입니다. 그 모습이 너무도 생생하였으므로 엉겁결에 일어나 고함을 치고 욕설을 퍼부었습니다.

　그런데 집에 돌아와 곰곰이 생각해보니, 바로 그날 죽은 부관이 이번에 죽은 아들로 태어난 것이 틀림없음을 깨달았습니다. 부관이 죽은 날과 아들이 태어난 날짜를 따져보아도 정확하게 일치하는 것으로 보아서도 틀림이 없습니다. 그래, 야밤임에도 불구하고 스님을 모셔오게 한 것입니다."

　당시의 2군사령관이었던 육군 중장 박은용 장군은 이렇게 이야기를 매듭지었습니다. 부관은 자기의 가슴에 구멍을 내어 죽인 상관의 가장 사랑하는 외동아들로 태어났고, 그 아들은 가슴을 다쳐 죽음으로써 아버지의 가슴에 구멍을 낸 것입니다.

출처 : 일타큰스님, 「윤회와 인과응보 이야기」

PART II

본마음 참나를 찾아서 ──

그대 본래의 이름을 기억하는가?
센과 치히로의 행방불명

"유바바는 상대의 이름을 빼앗아 지배하는 마녀지. 항상 센으로 행동하고 네 진짜 이름은 소중히 간직해 둬."

"나도 뺏기기 시작했나봐. 어느새 센이 되고 있었어."

"이름을 뺏기면 원래 세계로 돌아가는 길을 잊어 버려."

센(千)의 본래 이름은 치히로(千尋)다. 부모와 함께 이사를 가던 치히로는 길을 잘못 들어 낯선 터널로 들어가게 된다. 맛있는 냄새를 따라간 식당에서 게걸스럽게 음식을 먹어치우던 치히로의 부모는 마침내 돼지로 돌변해버린다.

어둠이 깔리자 귀신들이 출몰하기 시작하고, 치히로의 몸은 점차 투명하게 사라져간다. 이때 하쿠가 준 마법의 알약을 받아먹고 정상이 된 치히로는 마침내 그 세계를 지배하는 마녀 유바바를 만나게 된다.

유바바는 치히로의 이름을 센으로 바꾸어 부르도록 하고, 목욕탕에서 일하게 한다. 얼빵하게 생긴 말라깽이 소녀 센은 부모를 구하기 위해 용감해진다. 더럽고 냄새나기 짝이 없는 오물의 신(神)을 목욕시키면서, 자전거를 비롯한 숱한 폐기물을 끄집어내자, 어느덧 오물신은 본래의 모습이던 강의 신으로 변해 날아가게 되고, 고마움의 표시로 센에게 경단을 건네준다.

한편 센에게 반해 목욕탕으로 들어오게 된 얼굴 없는 요괴 가오나시. 그는 사금덩어리를 흩뿌리며 자신에게 접근하는 자들을 낼름낼름 집어삼킨다. 먹어

도 먹어도 만족할 줄 모르고, 계속 음식을 집어삼키며 덩치가 커져가는 가오나시는 센에게 금 더미를 주고자 하지만, 센은 거절한다. 그녀의 환심을 사기 위해 도대체 무엇을 주면 되는지 물어보지만 센은 단호하게 대답한다.

"내가 원하는 건 당신은 절대로 만들 수 없어요."

센은 위기에 빠진 하쿠를 구하기 위해 유바바의 언니인 제니바가 있는 곳으로 떠나게 된다. 바다 위에 환상적으로 난 철길을 따라 기차를 타고 제니바를 만난 센은 의외의 환대를 받게 되고, 마침내 사랑의 힘으로 되살아난 하쿠(용)의 등에 업혀 되돌아오게 된다. 이때 과거의 기억을 되살려 하쿠의 진짜 이름을 말해주게 되고, 그 이름을 듣는 순간 하쿠는 마법에 걸린 용의 모습에서 본래의 소년 모습을 되찾게 된다.

약속대로 유바바는 마지막 시험을 거쳐 센의 부모를 본래 모습으로 돌려주고, 센은 부모와 함께 터널을 빠져나오게 된다. 본래 이름이었던 치히로로 돌아온 것이다.

센이 하쿠를 살리기 위해 타고 간 기차의 이름은 '중도(中道)'호이다. 새마을호나 무궁화호와 같은 이름이 아닌 중도호라고 이름 붙인 것은 의미심장하다. 이쪽 가장자리에도 머물지 않고 저쪽 가장자리에도 머물지 않으며 오직 물길흐

름을 따라 나아가는 것이 중도다. 중도라야 험난한 세상을 거쳐나가 마침내 본
래 이름을 찾을 수 있다는 암
시가 아닐까?

석존의 최초 가르침도 중
도였다.

"이 세상에는 두 가지 극
단이 있는데, 수행자는 그 어
느 쪽에도 치우쳐서는 안 된
다. 하나는 육체의 욕구대로
자신을 내맡겨버리는 쾌락의

:: 중도(中道)의 열차를 타고 하쿠를 구하러 떠나는 센

길이다. 이것은 천하고 속된 범부의 일로서 수행자들에게는 아무런 이익이 되지
못한다.

다른 하나는 육체를 지나치게 학대하는 고행의 길이다. 이것은 육체만을
괴롭힐 뿐, 수행의 참다운 목적을 위해서는 큰 이익이 없다.

이 두 가지 극단을 모두 버리고 중도를 배워야 한다. 여래(如來)는 이 중도
의 이치를 깨달은 사람이다."

치히로도 결국 중도의 열차를 타고 사랑하는 하쿠를 구할 수 있었던 것이
다. 그리고는 부모를 구할 수 있는 마지막 관문에 맞닥뜨리게 되었다. 그것은 많
은 돼지들 가운데서 자신의 부모를 골라내는 것이다. 그러나 그 답은 '없다(無)'
였다.

'무(無)'야말로 자신의 본래 이름자리로 돌아갈 수 있는 마지막 관문이었
던 것이다. 이것은 바로 무심의 경지를 함축적으로 표현한 것이다.

센의 본래 이름은 치히로이다. 그렇다면 치히로의 본래 이름은 무엇일까?

불 생 역 불 멸
不生亦不滅이며   생겨나지도 않고 또한 없어지지도 않으며

불 상 역 부 단
不常亦不斷이라   항상 하지도 않고 단절된 것도 아니라

불 일 역 불 이
不一亦不二하며   같은 것도 아니고 또한 다른 것도 아니며

불 래 역 불 출
不來亦不出이로다   오는 것도 아니고 또한 가는 것도 아니라

『중론(中論)』

풀이

1. '亦'자를 기준으로 대구(對句)를 이루고 있다. '生'과 '滅', '常'과 '斷', '一'과 '二', '來'와 '出'은 서로 상대되는 개념으로 대구이다.

2. 여기서 '一'은 '동일한 것', '二'는 '동일하지 않은 것'의 뜻이다.

3. 존재의 참모습은 有도 아니고, 無도 아니다. 벚꽃의 예를 들어보자. 지금 만발한 꽃은 한 달 전에만 해도 없던 것이다. 지금은 만발했다 하나, 한 달 후에는 흔적도 없이 사라진다. 하지만 내년 이맘때면 다시 피어날 것이다. 결국 有라 해도 영원한 有가 아니고, 無라 해도 영원한 無가 아니다. 올해의 꽃과 내년의 꽃이 똑같은 것도 아니며, 완전히 다른 것도 아니다. 그러므로 中道라고도, 空이라고도, 緣起라고도 한다. 표현은 다르지만 결국 같은 말이다.

4. 『중론』은 인도의 용수보살이 지었으며, 철저한 중도를 주장한다.

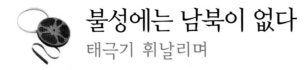

불성에는 남북이 없다
태극기 휘날리며

"제가 알고 있는 이진태는 종로통에서 구두를 닦았고, 누구보다도 가족을 사랑하고, 끔찍이도 동생을 아끼던 사람이었어요. 무공훈장 받구 깃발부대장 하구 있는 그 사람, 제 형 아닙니다."

국방군 진석은 자기 형 진태의 존재 자체를 부인한다. 아니 부인하고 싶었던 것이다. 지금까지 자신이 알고 있던 형의 모습이 아니었기 때문이다.

형인 진태는 동생인 진석에게 모든 꿈과 희망을 걸어놓고 있었다. 동생의 공부를 뒷바라지하기 위해 구두닦이도 마다하지 않았다. 그러나 전쟁이 터지고, 두 형제는 함께 의용군으로 징용된다.

어떻게 해서든 동생을 무사히 귀향시키고자 했던 진태는, 훈장을 타면 가능하다는 대대장의 말에 온갖 위험을 무릅쓰고 전투의 선봉에 서게 된다.

한편 진석은 이런 형이 못마땅하게 생각되고, 마침내 포로였던 용석을 죽인 형에게서 인간적 환멸을 느끼게 된다. 용석은 전쟁 전 진태와 함께 구두를 닦던 소년으로, 역시 인민군에 끌려온 처지였다.

"내 밑에서 딱쇠 하던 용석이는 안 보이고, 양민 학살한 빨갱이만 보일 뿐이야" 라고 말하는 진태는 이미 과거의 따뜻하기만 했던 형이 아니었다.

한편 전투에서 혁혁한 공을 세운 진태는 마침내 태극무공훈장을 받게 되지만, 사랑했던 영신이 청년단에 의해 좌익혐의로 무고하게 죽고, 유일한 희망

:: 전쟁이 나기 전, 우애 좋던 진태와 진석

이었던 동생마저 국방군에 의해 사망한 것으로 생각되자 완전히 돌아서버리게 된다.

인민 해방의 용감한 영웅, 깃발부대의 선봉장이 된 리진태 소좌를 만나기 위해 진석은 위험을 자초한다. 치열한 전투 속에서 동생의 애절한 일깨움에 의해 마침내 정신이 되돌아온 진태, 그는 다시 동생을 무사히 돌려보내기 위해 이번에는 인민군을 향해 총구를 되돌려 기관총을 난사하기 시작한다.

그에게는 다만 형제애만 있었을 뿐, 국가도 사상도 없었던 것이다.

남과 북이 갈라지기 전에도 형제는 있었다. 서로가 주고받아야 할 업이 얼마나 쌓였길래 전쟁의 참혹함을 몸소 겪어야만 했던가? 공업(共業)을 풀기 위해 서로가 적이 되어 싸우고는 있지만 본래 형제요, 다 같은 할아버지의 자손이 아니었던가?

선(禪)의 중흥조인 육조 혜능은 『금강경』 읽는 소리를 듣고 마음이 밝아져 문득 깨치고 오조 홍인화상을 만나러 간다.

홍인화상이 혜능에게 물었다.

"너는 어느 곳 사람인데 이 산에까지 와서 나를 예배하며, 이제 나에게서 새삼스레 구하는 것이 무엇이냐?"

혜능이 답했다.

"제자는 영남사람으로 신주의 백성입니다. 지금 짐짓 멀리서 와서 큰스님을 예배하는 것은 다른 것을 구함이 아니옵고 오직 부처되는 법을 구할 뿐입니다."

오조대사는 혜능을 꾸짖으며 말하였다.

"너는 영남사람이요 또한 오랑캐거니 어떻게 부처가 될 수 있단 말이냐?"

혜능이 답했다.

"사람에게는 남북이 있으나 부처의 성품은 남북이 없습니다(人卽有南北 佛性卽無南北). 오랑캐의 몸은 스님과 같지 않사오나 부처의 성품에 무슨 차별이 있겠습니까?"

본마음 참나인 불성자리에서 보자면, 남북이 있을 수 없다(佛性無南北). 삼팔선을 긋고 남이니 북이니 나누어놓았지만, 삼팔선도 본래 없는 것이다. 하물며 동서남북을 어떻게 분간하겠는가?

오랑캐는 또 무슨 소리인가? 남에서는 북을 인민군 오랑캐라고 불렀지만, 중국에서는 중원을 제외한 변두리 지역에 거주하는 이들을 모두 오랑캐라 불렀다. 그렇다면 과연 어느 쪽이 진정 오랑캐일까?

:: 인민군을 향해 기관총을 난사하는 진태

정 인 설 사 법
正人説邪法하면　　　　　바른 사람이 그릇된 법을 말하면

사 법 실 귀 정
邪法悉歸正하고　　　　　그릇된 법이 다 바르게 되고

사 인 설 정 법
邪人説正法하면　　　　　그릇된 사람이 바른 법을 말하면

정 법 실 귀 사
正法悉歸邪하니라　　　　바른 법이 다 그르게 된다.

강 북 성 지 강 남 귤
江北成枳江南橘이나　　　강북에서는 탱자가 되고 강남에서는 귤이 되지만,

춘 래 도 방 일 반 화
春來都放一般花로다　　　봄이 오면 모두 다 한 가지 꽃이 피어난다.

『금강경오가해(金剛經五家解)』

풀이

1. '都'는 부사로서 '모두'의 뜻이다.

2. '一般'이라는 것은 '한 가지'로 해석되며, '자기 나름대로 한 종류의'라는 뜻을 가진다.

3. 선과 악의 판단 기준은 무엇인가? 육조 혜능 스님은 말한다. "선도 생각하지 말고 악도 생각하지 말라. 이럴 때 어떤 것이 그대의 본래 면목인가?"

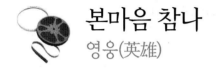

본마음 참나
영웅(英雄)

"무슨 글씨를 썼던가?"

"천하(天下)"

"천하?"

"파검은 말했습니다. '백성들을 도탄에 빠뜨린 전쟁을 오직 진나라만이 종식시킬 수 있고, 진이라야 천하를 통일할 것입니다.' 즉, 천하통일이란 대의를 위해 암살하지 말라고 했습니다.

한 사람의 고통은 온 천하의 고통에 비하면 아무것도 아니라는 말도 했으며, 조와 진의 원한도 천하라는 대의 아래선 사소하다고 말했습니다."

"짐을 이해하는 유일한 상대가 짐을 암살하려고 했던 자라니!"

지금으로부터 2천여 년 전, 중국의 전국시대. 중국은 7개의 제후국으로 나뉘어 있었으며, 이들 간의 패권쟁탈전으로 백성은 도탄에 빠져있었다. 진나라는 일곱 제후국 가운데 가장 강력한 세력을 형성하고 있었다.

진나라 랑맹현의 이장 무명은 진왕을 암살하고자 진왕의 10보 앞까지 진출한다. 그의 특기는 10보 필살검법. 10보 안에 있는 적은 반드시 살해할 수 있는 검법이다.

진왕의 10보 앞까지 진출하기 위해서는 진왕의 가장 위협적인 자객인 장천과 비설 그리고 파검을 물리쳐야 했다. 장천과 비설은 무명의 계획에 암묵적으로 동의하여 따랐지만, 파검만은 끝까지 반대였다.

3년 전 파검과 비설은 진왕 암살의 일보 직전까지 갔지만, 파검은 암살의 기회를 포기했다. 그 이유는 두 글자로 표현된다.

'천하'

백성들을 시급히 도탄에서 구하기 위해서는 천하통일이 하루 속히 이루어져야 했고, 오직 진왕만이 이 대업을 앞당길 수 있었던 것이다. 진왕이 죽게 되면 세상의 혼란은 더욱 심해질 따름이었다. 따라서 파검은 대승적인 차원에서 결단을 내려, 개인적인 원한에서 비롯된 암살계획을 접게 된 것이다.

무명 또한 암살의 마지막 순간에 파검의 이러한 뜻을 이해하고, 마음을 접게 된다. 진정한 영웅이 탄생한 것이다.

서예를 통해 검법을 터득하고자 정진한 파검은, 서예의 정수는 마음의 깨침이며 진정한 검술 또한 서예처럼 순수와 진실을 추구함을 깨친다.

이 파검이 쓴 '검(劍)'이라는 글씨를 자세히 들여다보던 진왕은 말한다.

"이제야 알겠다. 이 글씨엔 단순한 검술이 담겨있는 게 아니라, 검법의 최고 경지를 쓰고 있는 것이다.

검술의 첫 번째 경지는 인간과 검이 하나가 되는 것이다. 검이 곧 사람이며 사람이 곧 검이니 수중의 풀조차 무기가 될 수 있다.

:: 검(劍)이라는 글씨를 들여다보는 진왕

:: 검과 창의 대결

검술의 다음 경지는 손 대신 마음으로 검을 잡는 것이다. 그렇게 되면 백보 밖의 적도 맨손으로 제압할 수 있다.

그러나 검술의 최고의 경지는 손으로도 마음으로도 검을 잡지 않고 모든 것을 포용하는 커다란 마음이다. 최고의 경지는 곧 살생이 없는 평화를 뜻하는 것이다."

첫 번째는 물질의 경지이고, 두 번째는 마음의 경지이며, 세 번째는 큰 마음의 경지이다. 모든 것을 포용하는 큰 마음은 곧 대승심(大乘心)이다. 대승심은 한마음(본마음)을 말한다.

이 세상은 물질과 마음(分別心), 그리고 본마음으로 이루어져 있다.

본마음 자리에서 마음이 나왔으며, 그 마음에 따라 물질이 형성된 것이다. 그러나 물질이 형성되고 나서는 그 물질이 가장 우선시되었다. 당장 눈앞에 보이는 물질이 먼저이고 마음이 나중이며 본마음은 아예 무시되는 경향이 있다. 한마디로 말해서 가치관이 전도된 것이다.

늙고 병들어 죽음에 임박해서야 겨우 물질과 마음의 허망함을 느끼게 되지만, 이미 생은 마감되어가고 때늦은 후회만이 앞설 뿐이다. 아직 젊고 건강할 때 본마음 참나를 찾아야 하지 않을까?

보화비진요망연
報化非眞了妄緣이며　　몸뚱이와 마음은 참된 것이 아니라 마침내 허망한 인
　　　　　　　　　　　　연이며

법신청정광무변
法身淸淨廣無邊이라　　본마음만이 청정하여 널리 가 없도다.

천강유수천강월
千江有水千江月하고　　천 개의 강에 물이 있으면 천 개의 강에 달이 비치고

만리무운만리천
萬里無雲萬里天하니라　　하늘 만리에 구름이 없으면 만리가 다 그냥 하늘인
　　　　　　　　　　　　것을.

『금강경오가해(金剛經五家解)』

풀이

1. 여기서 '報化'는 뒤의 '法身'과 대구(對句)로서 '보신(報身)'과 '화신(化身)'을 말한
   다. '보신(報身)'이란 공덕의 결과로써 이루어진 몸을 말하며, '화신(化身)'이란 중
   생구제의 목적으로 중생의 몸으로 직접 화생한 부처님, '법신(法身)'이란 불생불멸
   인 우주의 절대 진리, 곧 불변의 법성을 말한다.

2. 몸뚱이와 마음은 강물에 비친 달과 같으며, 본마음인 성품은 온 천지에 그득하다.
   실체가 없이 허망한 몸뚱이와 마음 부여잡고 허송세월할 것이 아니라, 본마음을 속
   히 보아야 한다.

인간의 본성은 선한가, 악한가?

달마야 놀자

"스님, 저희를 이렇게 감싸주시는 이유가 뭡니까?"

"누가 누굴 감싸줘?"

"아니, 스님께서…"

"아, 그거야 내가 낸 문제를 풀었으니까 더 있으라 그런 건데, 누가 누굴 감 싸줬다 그래?"

"그래두, 착하게 살라든지 뭐 남들 괴롭히지 말라든지, 아무튼 원하시는 게 있으니까 이렇게 감싸 주시는 거 아닙니까?"

"그게 그렇게 궁금허냐? 그럼 너 밑 빠진 독에 물을 퍼부을 때, 어떤 생각 을 하구 채웠어?"

"그건 그냥… 그냥 항아리를 물속에다가 던졌습니다."

"나두 밑 빠진 너희들을 그냥 내 마음속에 던졌을 뿐이야."

한 무리의 조폭 일당이 사건을 저지른 후 산중의 사찰로 피신한다. 일주일 간의 약조한 기간이 지나자, 조폭들을 절에서 내보내고자 하는 젊은 스님들과 더 머무르고자 하는 일당들과의 신경전은 내기로 바뀐다.

첫 번째는 삼천배였다. 당연히 스님팀의 승리로 이어졌다.

두 번째는 고스톱. 조폭팀의 승리였다.

세 번째는 계곡에 잠수하여 오래 버티기. 기절할 때까지 버틴 조폭팀의 승리.

:: 스님들과 조폭들의 신경전

네 번째는 삼육구 게임. 스님 팀의 승리.

이렇게 해서 마지막 승부인 다섯 번째는 10분 안에 깨진 독에 물채우기. 시간이 끝날 즈음 항아리째 번쩍 들어 연못 안으로 밀어 넣은 조폭팀이 승리하였다.

이렇게 해서 계속 머무르게 된 조폭 일당들과 젊은 스님들 간의 갈등은 계속되지만, 그때마다 큰스님의 포용력과 지혜로 극복된다.

그러던 어느 날, 조직에서 배신한 다른 무리의 방문으로 위기에 빠진 일당들을 젊은 스님들이 구출하고, 큰스님은 앉은 채로 입적에 든다.

인간의 본성은 선한가, 악한가?

선하다고 보는 입장은 성선설(性善說)이요, 악하다고 보는 입장은 성악설(性惡說)이다. 그렇다면 불교의 입장은 무엇일까?

육조(六祖) 혜능 스님은 행자생활 8개월 만에 오조(五祖) 홍인 스님으로부터 가사와 발우를 전해 받고 두 달 반 만에 대유령에 이르렀다. 이때 뒤에서 추격해온 혜명은 혜능이 바위 위에 놓은 의발을 잡아 거두려 하였으나 꼼짝하지 않자, 마음을 고쳐먹고 법을 청한다. 이에 혜능은 말한다.

"네가 이미 법을 위하여 왔다면 이제 모든 반연을 다 쉬고 한 생각도 내지 말라. 너를 위하여 설하리라."

그리고는 잠시 있다가 혜명에게 설하였다.

"선(善)도 생각하지 말고 악(惡)도 생각하지 말라. 바로 이러할 때 어떤 것이 그대의 본래 면목인가?"

사람들은 일반적으로 착한 삶을 권장하고 악한 삶을 멀리하도록 가르친다. 하지만 착하다는 것은 과연 어떤 것일까? 내심으로는 수긍이 가지 않으면서도 무조건 참고 양보하는 것이 착한 것일까? 그러다보면 어쩐지 바보 같다는 생각이 드는 것은 왜일까? 또는 본성에 순응하면 착하고 본성에 위배되면 악한 것일까? 이것도 성선설의 입장에서는 맞는 말이 될 수도 있으나, 성악설에서 보자면 그렇지도 않은 것이다.

살인은 선일까, 악일까? 기만은 선일까, 악일까? 이렇게 물어보면 대부분의 사람들은 악(惡)이라고 대답할 것이다. 그러면 예컨대 이순신 장군은 한산대첩에서 왜군 선박을 기만전술로 유인하여 한꺼번에 수많은 사람들을 죽였는데, 이것은 과연 선일까, 악일까?

선과 악이라는 이분법적 구도에서 벗어나지 못하는 한, 천당과 지옥이 존재하며 나와 남이 갈린다. 성(聖)과 속(俗)이 존재하며 부처와 중생이 나뉠 수밖에 없는 것이다. 참다운 지혜는 이러한 궁리 분별에서 나오는 것이 아니라, 평상심에서 '그냥' 나오는 것이다.

:: 밑빠진 독에 물을 채우기 위해 연못으로 독을 밀어넣는 조폭팀

일 체 유 위 법
一切有爲法은   조건 지워진 것은 모두 다

여 몽 환 포 영
如夢幻泡影이며   마치 꿈과 같고 허깨비, 물거품, 그림자와 같으며

여 로 역 여 전
如露亦如電하니   이슬과 같고 번갯불과 같으니

응 작 여 시 관
應作如是觀하라   마땅히 이와 같이 관찰할지니라.

『금강경(金剛經)』

풀이

1. '有爲法'이란 인연법으로 이루어진 우주의 모든 존재 형태를 말한다. 이러한 존재
   는 모두 조건지워져 있다. 홀로 독립해 있는 것이 아니고 인연따라 생겨났다 인연
   따라 사라지는 것이다.

2. 꿈·허깨비·물거품·그림자·이슬·번갯불의 공통점은 찰나 생멸한다는 것이다.
   고정된 실체가 없어서 순간적으로 있는 듯 보이지만, 금방 사라지고 만다. 모든 존
   재도 마찬가지이다.

3. 『금강경』은 조계종의 소의경전이다. 석존과 수보리의 대화로 이루어진 이 짤막한
   경전은 불교사상의 정수로 손꼽힌다. 육조 혜능 스님은 금강경 읽는 소리를 듣고
   깨쳤다고 한다.

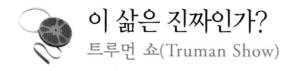

이 삶은 진짜인가?

트루먼 쇼(Truman Show)

"당신은 누구죠?"

"나는 수백만 시청자에게 희망과 기쁨과 영감을 주는 텔레비전 쇼의 창조자이지."

"그러면 나는 누구죠?"

"너는 스타야."

"진짜는 아무것도 없었나요?"

"네가 진짜지. 너를 만들고는, 보기에 좋았지. 트루먼 잘 들어. 저 바깥세상에는 내가 너를 위해 만든 이 세상만큼 진실이 없어. 거짓말과 기만이 있을 뿐. 하지만 내가 만든 세상에서 너는 두려워할 것이 없어. 나는 너 자신보다 너를 더 잘 알아."

트루먼이 사는 곳은 씨헤이븐. 아담하고 정갈한 섬에 만들어진 작은 도시이다. 보험회사 직원인 트루먼은 태어난 후 한 번도 섬 밖으로 나가본 적이 없다. 그의 아버지는 트루먼이 어렸을 때 그가 보는 앞에서 물에 빠져 실종되었다. 그 후 트루먼은 바다를 두려워하고 기피하게 되었던 것이다.

그는 어느 날 매혹적인 여인 로렌과 데이트를 하며 뜻밖의 이야기를 듣게 된다. 이 모든 것이 가짜이며 심지어는 하늘과 바다가 모두 세트이고, 결국은 쇼라는 것이다. 본명이 실비아라고 하는 로렌은 이러한 사실을 밝히고는 정체불명

:: 자신도 모르게 광고 홍보물 앞에서 인사를 나누는 트루먼

의 사나이들에게 끌려간다.

어머니의 병환으로 할 수 없이 씨헤이븐에 정착하게 된 트루먼은 메릴과
결혼하게 되고 일상생활을 살아가지만, 마음은 실비아가 갔다고 하는 피지섬으
로 향해있다. 어느 날부터인가, 그는 씨헤이븐에서 탈출을 시도하지만 번번이
실패에 직면한다.

자신이 조작된 세상에 살고 있음을 확신하게 된 트루먼은 마침내 은밀히
배를 타고 용기를 내어 바깥세상을 향한다. 인공으로 만들어진 폭풍우도 그의
진실에 대한 열정을 막을 수는 없었다.

'누군가가 항상 나를 지켜보고 있다'는 생각을 하면, 어떤 기분이 들까?
그것도 모든 것이 조작된 세상에서 말이다.

한편 지금 우리가 살고 있는 이 세상은 그렇지 않다고 과연 자신 있게 말할
수 있을까? 어쩌면 우리는 신이나 혹은 외계인에 의해서 조작된 세상에서 살고 있
거나, 우리의 삶이 생생하게 방영되고 있는 것은 아닐까? 아니면 우리의 마음 자
체가 조작되어진 가짜일 수도 있다. 그렇다면, 이 삶은 과연 진짜인가, 가짜인가?

아난이 말했다.

"여래께서 지금 마음이 있는 곳을 묻사오니, 제가 마음으로 추측하고 찾아보는 터라, 이렇게 추측하고 찾아보는 것을 마음이라 하겠나이다."

부처님이 말씀하셨다.

"아니다, 아난아. 그것은 네 마음이 아니니라."

아난이 놀라면서 자리에서 비켜서서 합장하고 여쭈었다.

"이것이 저의 마음이 아니라면 무엇이라 하겠습니까?"

부처님이 아난에게 말씀하셨다. "그것은 눈앞의 경계에 따라 일어나는 허망한 생각이니라. 너의 참된 성품을 미혹케 하는 것이다. 네가 무시 이래로 금생에 이르도록 도적을 오인하여 아들인 줄 여기고 너의 본래 항상한 것을 잃어버린 탓으로 윤회에 굴려 다니게 되었느니라."

지금까지 생각하던 '나의 마음'은 모조리 가짜이다. 진정한 '나'가 아닌 것이다. 그것은 눈앞의 경계에 따라 일어나는 허망한 생각에 불과할 뿐, 실체가 없는 것이다. 이렇게 실체가 없는 것을 '나' 혹은 '나의 마음'이라고 생각하게 됨으로써 참된 '나'와는 멀어지게 되었다. 도적을 오인하여 아들로 삼았기 때문에 진짜 아들은 멀어지게 된 것이다.

경계에 따라 일어나고 사라지는 허망한 마음은 거북의 털, 토끼의 뿔과 같은 것이다. 이름만 있을 뿐, 실체는 없다. 이와 마찬가지로 일체 세간의 산하대지와 생사열반이 모두 다 미치고 피곤해서 생긴 전도된 허공의 꽃에 불과하다.

그렇다면 진짜 나, 참된 성품은 어떤 것일까?

:: 트루먼이 나오는 방송을 지켜보는 사람들

유일물어차
有一物於此하니 　　　　　여기에 한 물건이 있으니

종본이래　　소소영영
從本以來로 昭昭靈靈하야　　본래부터 밝고 신령스러워

부증생부증멸
不曾生不曾滅하며　　　　　일찍이 나지도 않고 없어지지도 않았으며

명부득상부득
名不得狀不得이라　　　　　이름 지을 수도 없고 모양 그릴 수도 없느니라

『선가귀감(禪家龜鑑)』

풀이

1. '於'는 조사로서 '～에'라고 해석된다.

2. '從'은 '～에서부터'라고 해석하며, '以來'는 '이후로'라는 말이니, '從本以來'를 직역하면 '본래부터 이후로'가 된다.

3. '昭昭'나 '靈靈'은 강조의 의미로서 '매우 밝은', '매우 신령한' 정도이다.

4. '名'은 동사로서 '이름짓다, 이름지어지다'라는 의미이다.

5. 앞에서 설명하였듯이, '得'자는 '얻다'라는 뜻이 아니라, '～할 수 있는'이라는 조동사의 뜻이니, 앞에 '不'자와 함께 쓰여 부정의 의미인 '～할 수 없는'이라는 뜻이 된다.

6. 『선가귀감』은 서산대사인 청허 휴정의 저술로서 참선의 요지를 잘 밝히고 있다.

:: 트루먼은 마침내 씨헤이븐을 탈출하게 된다.

둘째 이야기

조신의 꿈

옛날 신라가 서울이었을 때, 세달사의 장원이 명주 날리군에 있었다. 본사(本寺)에서는 승려 조신(調信)을 보내 장원을 맡아 관리하게 하였다.

조신은 장원에 이르러 태수 김흔(金昕)의 딸을 깊이 연모하게 되었다.

여러 번 낙산사의 관음보살 앞에 나아가 남몰래 인연을 맺게 해달라고 빌었으나, 몇 년 뒤 그 여자에게 배필이 생겼다. 조신은 다시 관음상 앞에 나아가 자기의 뜻을 들어주지 않았다고 원망하며 날이 저물도록 슬피 울었다. 그리고 그리워하다 지쳐 얼마 뒤 선잠이 들었다. 꿈에 갑자기 김씨의 딸이 기쁜 모습으로 문으로 들어오더니, 활짝 웃으면서 말하였다.

"저는 일찍이 스님의 얼굴을 본 뒤로 사모하게 되어 한순간도 잊은 적이 없었습니다. 부모의 명을 어기지 못해 억지로 다른 사람의 아내가 되었지만, 이제 (죽어도) 같은 무덤에 묻힐 벗이 되고 싶어서 왔습니다."

조신은 기뻐서 어쩔 줄을 모르며 함께 고향으로 돌아가 40여 년을 살면서 자식 다섯을 두었다. 그러나 집이라곤 네 벽뿐이요, 콩잎이나 명아주국 같은 변변한 끼니도 댈 수 없어 마침내 실의에 찬 나머지 가족을 이끌고 사방으로 다니면서 입에 풀칠을 하게 되었다. 이렇게 10년 동안 초야를 떠돌다 보니 (옷은) 메추라기가 매달린 것처럼 너덜너덜해지고 백 번이나 기워 입어 몸도 가리지 못할 정도였다.

강릉 해현령을 지날 때 열다섯 살 된 큰아들이 굶주려 그만 죽고 말았다. 조신은 통곡하며 길가에다 묻고, 남은 네 자식을 데리고 우곡현에 도착하여 길가에 띠풀을 엮어 집을 짓고 살았다.

:: 달콤한 꿀에 취해 위험을 망각한 나그네(60쪽 그림의 부분 확대본)

부부가 늙고 병들어 굶주려 일어날 수 없게 되자, 열 살 난 딸아이가 돌아다니며 구걸을 하였다. 그러다가 마을의 개에 물려 부모 앞에서 아프다고 울며 드러눕자 부모는 탄식하며 하염없이 눈물을 흘렸다. 부인은 눈물을 씻더니 갑자기 말하였다.

"내가 처음 당신을 만났을 때는 얼굴도 아름답고 꽃다운 나이에 옷차림도 깨끗했습니다. 한 가지 맛있는 음식이라도 당신과 나누어 먹었고, 몇 자 되는 따뜻한 옷감이 있으면 당신과 함께 옷을 해 입었습니다.

(집을)나와서 함께 산 지 50년에 정분은 가까워졌고 은혜와 사랑이 깊었으니 두터운 인연이라고 할 수 있습니다. 그러나 몇 년 이래로 쇠약해져 병이 날로 더욱 심해지고 굶주림과 추위도 날로 더해오는데, 곁방살이에 하찮은 음식조차 빌어먹지 못하여 이집 저집에

서 구걸하며 다니는 부끄러움은 산과 같이 무겁습니다.

아이들이 추위에 떨고 굶주려도 돌봐줄 수가 없는데, 어느 겨를에 사랑의 싹을 틔워 부부의 정을 즐길 수 있겠습니까? 젊은 날의 고왔던 얼굴과 아름다운 웃음도 풀잎 위의 이슬이 되었고, 지초와 난초 같은 약속도 회오리바람에 날리는 버들솜이 되었습니다.

당신은 내가 있어서 근심만 쌓이고, 나는 당신 때문에 근심거리만 많아지니, 곰곰이 생각해보면 옛날의 기쁨이 바로 근심의 시작이었던 것입니다. 당신이나 나나 어째서 이 지경이 되었는지요. 여러 마리의 새가 함께 굶주리는 것보다는 짝 잃은 난새가 거울을 보면서 짝을 그리워하는 것이 낫지 않겠습니까?

힘들면 버리고 편안하면 친해지는 것은 인정상 차마 할 수 없는 일입니다만, 가고 멈추는 것 역시 사람의 마음대로 되는 것이 아니며, 헤어지고 만나는 데는 운명이 있는 것입니다. 이 말을 따라 이만 헤어지기로 합시다."

조신이 이 말을 듣고 기뻐하여 각기 아이를 둘씩 나누어 데리고 떠나려 하는데 아내가 말하였다.

"저는 고향으로 향할 것이니 당신은 남쪽으로 가십시오."

그리하여 조신은 이별을 하고 길을 가다가 꿈에서 깨어나니, 희미한 등불이 어른거리고 밤이 깊어만 가고 있었다.

아침이 되자 수염과 머리카락이 모두 하얗게 세어 있었다. 조신은 망연자실하여 세상일에 전혀 뜻이 없어졌다. 고달프게 사는 것도 이미 싫어졌고 마치 100년 동안의 괴로움을 맛본 것 같아 세속을 탐하는 마음도 얼음 녹듯 사라졌다.

그는 부끄러운 마음으로 부처님의 얼굴을 바라보며 깊이 참회하는 마음이 끝이 없었다. 돌아오는 길에 해현으로 가서 아이를 묻었던 곳을 파 보았더니, 그곳에는 돌미륵이 있었다. 물로 깨끗이 씻어서 가까운 절에 모시고 서울로 돌아와 장원을 관리하는 직책을 사임하고 개인 재산을 털어 정토사(淨土寺)를 짓고서 수행하였다. 그 후에 아무도 조신의 종적은 알지 못한다.

다음과 같이 논평한다.

"이 전(傳)을 읽고 나서 책을 덮고 지난 일을 곰곰이 돌이켜보니, 어찌 반드시 조신의 꿈만 그러하겠는가? 지금 모든 사람이 인간세상의 즐거움을 알아 기뻐하기도 하고 애를 쓰기도 하지만 특별히 깨닫지 못할 뿐이다."

:: 나그네는 코끼리를 피해 우물 속으로 뛰어들지만, 바닥에는 독사가 기다리고 흰 쥐와 검은 쥐가 덩굴을 갉아 먹고 있다.

따라서 노래를 지어 경계한다.

즐거운 시간은 잠시뿐! 마음은 어느새 시들어
남모르는 근심 속에 창창하던 얼굴 늙어가네.
다시는 좁쌀 밥 익기를 기다리지 말지니,
바야흐로 깨달았네, 수고로운 삶이 한순간의 꿈이란 걸.

몸을 닦고자 할진댄 먼저 뜻을 성실하게 해야 하거늘
홀아비는 미인을 꿈꾸고 도적은 장물을 꿈꾸네.
어찌 가을날 맑은 밤의 꿈으로
때때로 눈을 감고 청량의 세계에 다다름만 하겠는가?

출처 :「삼국유사」

PART III

누가 영웅이고 ——
누가 바보인가?

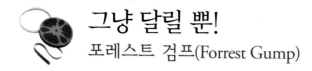

그냥 달릴 뿐!
포레스트 검프(Forrest Gump)

"포레스트, 넌 네가 뭐가 될지 꿈꿔본 적 있니?"

"내가 뭐가 되냐구?"

"그래."

"난 내가 되는 거 아냐?"

"넌 늘 너일 테지만 너의 다른 모습 말야. 있잖아. 난 유명해지고 싶어. 조엔 바에즈 같은 가수가 되고 싶어. 텅 빈 무대 위에서 기타와 내 목소리만으로 노래하고 싶어… 나 혼자 말이야."

포레스트는 아이큐가 75밖에 안 되는 저능아다. 늘 여자친구인 제니를 생각하고, 단순 무식하지만 무슨 일이든 열중하고 몰두한다. '난 내가 되는 거 아냐?'라는 반문처럼 그는 항상 그일 뿐이다. 특별한 꿈이나 이상도 없이 그저 주어진 현실에 몰두할 뿐인 포레스트는 미식축구선수에 전쟁 영웅, 탁구선수에, 새우잡이 어선 선장을 거치면서 오히려 유명인사가 되어간다.

성인이 된 후 어렵게 만나게 된 제니와의 재회의 기쁨도 잠시, 다시 혼자가 된 포레스트는 제니가 선물한 운동화를 신고 달리기 시작한다. 많은 사람들에게 영감을 주었던 달리기를 3년 2개월 14일 16시간 만에 마치고, 포레스트는 집으로 돌아간다.

마침내 사랑하는 제니와 결혼에 이르게 되고, 제니는 병으로 죽게 되지만,

아들인 꼬마 포레스트와 함께 새로운 삶은 다시 시작된다.

배고프면 밥 먹고 졸리면 잠잘 뿐인 포레스트는 동양의 선사(禪師)와 다름 없다. 2년 이상을 잠잘 때만 빼고 계속 미국 전역을 달리는 포레스트에게 사람들은 묻는다.

"왜 뛰십니까?"

"왜 뛰시나요?"

"세계 평화를 위해서입니까?"

"집 없는 사람들을 위해서인가요?"

"여성인권 때문입니까?"

"환경 때문인가요?"

"동물의 권리를 위해서?"

"핵무기 때문인가요?"

사람들은 별다른 이유 없이 "그냥 뛰고 싶을 뿐!"이라는 포레스트의 답변을 믿지 않는다. 그리고는 각자 나름대로 의미를 부여하면서 추종자가 늘어나기 시작한다.

삶에 특별한 의미는 없다. 그냥 살아갈 뿐이다. 의미가 있다면, 각자 붙이기 나름이다. 하지만 명심해야 할 것은 오히려 '무심(無心)'에서 가장 큰 힘이 나온다는 사실이다.

:: 그냥 달릴 뿐인 포레스트

:: 포레스트는 우연히 월남
  전 반전집회에 참가하여
  제니를 만나게 된다.

물의 결정을 현미경으로 관찰해서 찍은 사진이 있다. 똑같은 물을 동일한 종류의 컵에 담아놓고 다른 말을 써 붙인다. 예컨대, 한쪽에는 '감사합니다', 그리고 다른 쪽에는 '나쁜 놈'이라고 써 붙이고 얼마간 시간이 지나 관찰해보면, 완전히 다른 모양의 결정이 나타난다. '감사합니다'라고 써 붙인 물은 또렷한 육각면체의 결정을 나타내며, '나쁜 놈'이라고 써 붙인 물은 결정 자체가 형성되지 않는다. 한편, '무심(無心)'이라고 써 붙인 물이 가장 크고 또렷한 육각면체의 결정을 이루고 있음에 유의할 필요가 있다.

실제로 운동선수들도 '잘해야지'라고 생각할 때보다 오히려 '무심'히 행할 때 좋은 결과가 나온다고 한다. 그들이 연습을 충분히 하는 것도 그러한 동작을 무심히 할 수 있기 위해서일 것이다.

바로 지금 여기에서 그냥 앉아있을 뿐!

밥 먹을 땐 밥 먹을 뿐! 잠잘 땐 잠잘 뿐!

일할 땐 일할 뿐! 뛸 땐 뛸 뿐!

이렇게 되기 위해서는 포레스트처럼 바보(?)가 되어야 할 것이다.

포레스트에게 제니는 일종의 화두였다. '늘 제니 생각만 했어요'라는 그의 표현처럼 언제 어디서 무엇을 하든지 '제니 생각' 뿐이었다. 그렇게 해서 제니와 상봉하게 되지만, 그 기쁨은 오래 가지 못했다.

오히려 아무 생각 없이 달리고 또 달려서 마침내 '그냥' 달릴 수 있게 되었을 때, 그리고 그 달리기마저 멈추었을 때, 제니가 제 발로 다가와 결혼할 수 있게 된 것이다. 이것은 또 무슨 이치일까?

신 재 해 중 휴 멱 수
身在海中休覓水하고　　몸이 바다 가운데 있으면서 물을 찾지 말고

일 행 영 상 막 심 산
日行嶺上莫尋山하라　　날마다 산등성이를 다니면서 산을 찾지 말라.

앵 음 연 어 개 상 사
鶯吟燕語皆相似하니　　꾀꼬리 울음소리와 제비 지저귐이 모두 유사하니

막 문 전 삼 여 후 삼
莫問前三與後三하라　　전삼삼 후삼삼을 묻지 말지어다

『금강경오가해(金剛經五家解)』

풀이

1. '日'은 논어(論語)의 '日新又日新'에서와 같이 '날마다'라고 해석한다.

2. '前三與後三'은 그냥 '후삼과 전삼'이라는 뜻이 아니라 〈벽암록〉 중에 무착대사와 문수보살의 대화에서 나온 '전삼삼후삼삼'이라고 하는 화두의 하나로서, 전(前)도 삼삼(三三)이요, 후(後)도 삼삼(三三)이란 뜻이다.

3. 바다 속에 사는 물고기에게 홀연 의문이 생겼다. "바다"라는 게 있다는데 도대체 어떤 것일까? 바다 속에서 바닷물을 찾아다녔으나, 아무도 대답해 주는 이가 없었다고 한다.

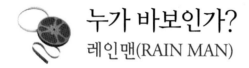

누가 바보인가?
레인맨(RAIN MAN)

"그 사람 어떻게 된 거예요, 미친 겁니까?"

"아닙니다."

"저능아인가요?"

"꼭 그렇지는 않아요."

"그럼, 미친 것도 아니고, 저능아도 아닌데, 여기에 있네요."

"뭐랄까, 자폐증입니다."

"무슨 말인지 모르겠군요."

"레이먼드와 같은 사람들을 예전에는 '천재백치증' 환자라고 불렀죠. 어떤 면에서는 모자라기도 하지만 어떤 면에서는 능력도 있습니다."

자동차 중개상을 하며 살아가는 찰리에게 어느 날 아버지의 부고가 전달된다. 그는 장지에 도착해 뜻밖에도 자신에게 형이 있음을 알게 된다. 아울러 자폐증 환자인 형 레이먼드가 거액을 상속받았다는 사실까지 전해 듣는다. 파산 위기에 있던 찰리는 화를 참지 못하고 형을 납치해 함께 L.A.로 떠난다.

형과 함께 여행을 하는 과정에서 찰리는 어렸을 적을 회상하게 된다. 형 레이먼드를 레인맨이라고 불렀으며, 자신에게 노래를 들려주곤 했던 일 등을 기억한다. 비록 정신박약자이지만 동생을 위하는 따뜻한 마음은 예전이나 지금이나 변함이 없음을 느끼고, 드디어 돈보다 중요한 형 레이먼드를 사랑하게 된다.

:: 동생 찰리는 대박의 꿈을 이루기 위해 형 레이먼드를 도박에 끌어들인다.

형도 동생의 이러한 마음을 느낀 것일까? 레이먼드는 반복해서 말한다. "넌 내 친한 친구야!"

둘은 서로 통하게 된 것이다.

레이먼드는 일종의 천재백치증 환자였다. 이는 특수한 재능을 가진 정신 박약자로서, 한편으로는 고도의 지능이 작용하지만 한편으로는 의사소통과 학 습능력에 문제가 있는 것이다. 예컨대 암산을 거침없이 한다거나, 카드 여섯 벌 을 통째로 외우는 등의 능력은 뛰어나다. 그러나 돈을 센다거나 의사소통을 하 는 데는 서투르기 짝이 없다.

그렇다면 정신 멀쩡한 동생 찰리가 이런 형보다 더 행복한 삶을 살고 있다 고 단언할 수 있을까? 과연 돈 계산이나 의사소통이 뛰어난 사람을 잘사는 사람 이라 말할 수 있을까? 또 정작 천재성을 발휘해야할 일과 백치로 지내도 좋을 일은 어떤 것일까?

부인이 넷인 남자가 있었다. 죽음에 임박한 그는 혼자서 길을 떠나기가 두 려웠다. 그래서 평소에 가장 애지중지하던 부인에게 함께 길 떠날 것을 요청하 였지만, 의외의 거절을 당했다. 둘째, 셋째도 마찬가지였다.

하지만 전혀 기대하지도 않았고 또 평상시 거들떠보지도 않았던 넷째가 오히려 동참을 흔쾌히 약속하였다. 이 사나이는 회한의 눈물을 흘렸다. 왜 좀더 일찍 넷째에게 관심을 갖고 애정을 쏟지 못하였던가, 후회의 마음이 절실했던 것이다.

여기서 첫째로 애지중지하던 부인이란, 다름 아닌 몸뚱이를 말한다. 살아 생전 온갖 애정을 쏟아 부어 어찌하면 좀더 잘 먹이고 입힐까 전전긍긍하지만, 죽음에 임박해서는 아무런 소용이 없다. 타서 재가 되어버리거나 썩어 문드러져 흙으로 돌아갈 뿐이다. 자식에 대한 지나친 애정도 알고 보면 몸뚱이 착(着)의 연장일 뿐이다. 둘째는 재물, 셋째는 친지 등이다. 역시 죽음에 동참할 수는 없다.

마지막 넷째만이 살아서는 물론 죽음 이후에도 뗄 수가 없다. 그것은 바로 우리의 업장, 즉 닦거나 닦지 못한 마음이다. 마음은 닦으면 닦은 대로, 닦지 않으면 닦지 않은 대로, 그대로 다음 생으로 가져간다. 육신이 소멸한다고 해서 마음까지 함께 소멸하는 것은 아니기 때문이다.

예컨대 태어나면서부터 심성이 지혜로운 이가 있는가 하면, 그렇지 못한 사람도 있다. 이것은 단순히 유전에 의한 것이 아니다. 전생의 습기(習氣)로 인한 것이다. 엄밀히 말하자면, 인간은 전생의 습기에 맞는 부모를 찾아 태어난다고 할 수 있다. 그러니 부모나 주위 환경을 탓할 일도 아니다. 자신의 마음공부 수준에 맞추어 태어나기 때문이다. 여건이 좋으면 좋은 대로, 나쁘면 나쁜 대로, 한 단계씩 업그레이드해나가면 그뿐이다.

전생에 많이 해본 것은 이생에도 익숙하다. 전생에 해보지 않은 일은 이생에도 낯설기만 하다. 천재와 백치는 그냥 나오는 것이 아니다.

:: 머리를 맞댄 형제

세 유 일 반 인
世有一般人은   세상의 일반적인 사람들은

불 악 우 불 선
不惡又不善이나   악하지도 않고 또한 선하지도 않으나

불 식 주 인 공
不識主人公하고   주인공(자신의 본래 성품)을 알지 못하고

수 객 처 처 전
隨客處處轉하느니라   객을 따라 이리저리 헤매고 있네.

『한산시(寒山詩)』

풀이

1. '主人公'이란 오온으로 이루어진 색신(色身)이 아니라, 우리의 참마음, 즉 자기 자신의 본성(本性)을 말한다.

2. 여기서 '轉'은 '이리저리 굴러다니는'의 뜻을 가지고 있다.

3. 아담과 이브는 선악과를 따먹고 에덴동산에서 추방되었다. 선과 악을 분별하게 되었기 때문이다. 그렇다면 다시 에덴동산으로 돌아가기 위해서는, 선과 악에 대한 분별심을 쉬어야 하는 것이 아닐까?

4. 『한산시』는 문수보살의 화현이라고도 하는 중국 당나라 때 한산의 시를 모은 책이다.

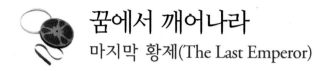

꿈에서 깨어나라
마지막 황제(The Last Emperor)

"서요! 그 안에 들어가는 건 금지돼 있어요."

"넌 누구니?"

"난 경비원의 아들이에요."

"그렇구나. 나도 이곳에서 살았단다. 저기가 내가 앉던 곳이다."

"아저씨 누구죠?"

"난 중국의 황제였단다."

중국의 마지막 황제 부의는 1908년 세 살 때에 입궁하여 황제로 등극한다. 1912년, 중국은 공화제로 바뀌어 통치권은 대통령에게 넘어가고 황제는 다만 자금성 안에서 형식적인 모습만 유지하게 된다.

궁 안에 갇힌 생활을 하게 된 황제는 심지어 어머니의 부음을 듣고도 가지 못하는 신세이다. 비록 1,200명의 환관과 350명의 시녀, 그리고 185명의 요리사를 비롯한 많은 사람들을 거느리고 있다고는 하나, 자기 집 대문조차 마음대로 들락거릴 수 없는 서글픈 신세가 된 것이다.

1924년, 국회는 해산되고 대통령은 도피한다. 마침내 부의와 그의 가족도 자금성에서 추방당한다. 천진에서 일본의 비호 아래 지내던 부의는 1934년 만주로 가서 다시 황제로 등극한다. 하지만 이번에도 일본의 허수아비 노릇을 해야만 하는 꼭두각시 황제에 불과했다.

:: 자금성 안에서 황제로 등극하는 부의

일본은 항복하고, 얼마 후 부의는 전범자로 몰려 수용소에서 10년간 복역한다. 1967년 부의는 정원사로서 그의 일생을 마치게 된다. 황제로 태어나서 정원사로 죽은 것이다.

「자경문」에서는 말한다.

" 삼 일간 닦은 마음은 천 년 동안의 보배가 되지만,
백 년 동안 탐한 물건은 하루아침에 티끌이 되리라.”

애지중지 쌓아온 재물이나 명예 등은 하루아침에 물거품이 될 수 있다. 그러나 닦은 마음은 누가 훔쳐갈 수 있는 것이 아니다. 불에 타지도 않으며 물에 젖지도 않는다. 그러므로 죽어서도 가져가는 것이다.

부의는 비록 어려서부터 황제로 등극했다고는 하나, 철부지로서 지냈을 뿐이다. 철이 들어서는 문밖 출입조차 마음대로 할 수 없는 신세를 한탄하며 지내야 했다. 결국 자금성에서 쫓겨나고, 나중에는 만주국의 황제가 되어서도 꼭두각시 노릇에 만족해야 했다. 비록 풍족한 재물과 일시적인 명예를 누릴 수는

있었지만, 결코 행복한 삶이었다고 말할 수는 없었다.

물론 부의 같은 경우는 특수한 케이스였다고 할 수 있다. 하지만, 다른 황제들은 참으로 행복했을까? 중국 청나라 제3대 황제였던 순치황제는 18년간 재위하고 다음과 같은 시를 남기고 출가하였다.

"곳곳이 총림이요 쌓인 것이 밥이거늘
대장부 어디 간들 밥 세끼 걱정하랴.
황금과 백옥만이 귀한 줄 알지 마소.
가사 옷 얻어 입기 무엇보다 어려워라.

이내 몸 중원천하 주인 노릇 하건마는
나라와 백성 걱정 마음 더욱 시끄러워,
인간의 백 년 살이 삼만 육천 날이란 것
출가해서 반나절 한가함에 미칠 손가……"

누군가가 그대에게 묻는다. 꿈속에서 일억을 받을 것인가, 아니면 생시에 백만 원을 받을 것인가? 둘 가운데 하나를 택하라 한다면, 그대는 무어라 대답할 것인가?

오욕을 만족시키는 일은 꿈속의 일이요, 마음 찾는 일은 꿈에서 깨어나는 일이 아닐까?

:: 다시 만주국의 황제로 등극해 영화를 꿈꾸지만…

보 만 삼 천 급 대 천
實滿三千及大千이라도　보배가 삼천대천세계에 가득하여도

복 연 응 불 리 인 천
福緣應不離人天하나니　복의 인연은 인간과 천상을 여의지 못하니

약 지 복 덕 원 무 성
若知福德元無性하면　만약 복과 덕이 원래 성품이 없음을 안다면

매 득 풍 광 불 용 전
買得風光不用錢하리라　돈을 쓰지 않고도 본지풍광을 살 수 있으리라

『금강경오가해(金剛經五家解)』

풀이

1. '三千及大千'은 삼천대천세계를 말한다. 욕계, 색계, 무색계 28천을 하나의 세계로 묶어서 이 하나의 세계를 천 개 모은 것을 하나의 소천세계라 부르며, 이 소천세계를 천 개 모은 것을 하나의 중천세계라 부르며, 중천세계를 천 개 모은 것을 하나의 대천세계라고 한다. 삼천대천세계는 이러한 대천세계가 천 개 모인 것을 말하는 것으로, 이 하나의 삼천대천세계가 하나의 부처님께서 교화하시는 범위라고 하여 '1불국(佛國)'으로 본다.

2. '若'은 '마치 ～처럼'의 뜻도 있지만 여기서는 '만약 ～하다면'이라고 하는 가정의 뜻으로 쓰였다.

3. 사람들은 끊임없이 복을 추구하지만, 이는 윤회의 근본이 될 뿐이다. 복을 짓는 이는 누구이고, 복을 받는 이는 누구인가? 이를 통달해야 비로소 걸림 없이 세상을 즐길 수 있는 여유가 생길 것이다.

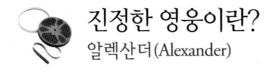

진정한 영웅이란?
알렉산더(Alexander)

"그래, 달려들어 싸우는 거야. 실제 전쟁에서는 봐주기란 없다.

야만 족속들과의 싸움에서 너희들을 이기게 해주는 건, 몸이 아니라 정신이다. 며칠 내내 싸워서 기진맥진한 상태라도, 날이 새고 따뜻한 수프 한 잔이면 다시 너끈히 일어날 수 있는 그 정신!"

암살된 필립왕의 뒤를 이어 20세의 젊은 나이에 마케도니아의 왕이 된 알렉산더. 그는 어려서부터 동방원정의 꿈을 꾸고 있었다. 아리스토텔레스의 가르침을 받으며 성장한 그는 왕은 태어나는 것이 아니라, 오직 강인함과 고통을 통해 만들어진다고 교육받는다.

21세에 알렉산더는 4만 명의 훈련된 군사들을 이끌고 동방정벌을 개시한다. 먼저 이집트를 정복하고, 이어서 다리우스 대왕이 이끄는 페르시아 대군과 결전을 갖는다. 4만 대 25만. 엄청난 수적 열세에도 불구하고 특유의 용맹과 뛰어난 전술전략으로 승리를 쟁취해낸다.

마침내 페르시아의 바빌론에 입성한 알렉산더, 그는 이에 만족하지 않았다. 힌두쿠시 산맥을 넘어 인도로 머나먼 원정의 길을 떠난 것이다. 하지만 그가 넘어야 할 것은 결코 산맥만이 아니었다. 8년여에 걸친 전투와 기후조건은 그의 험난한 원정길을 더욱 고되게 만들었다. 마침내 병사들은 분열양상을 보이게 되고, 코끼리를 앞세운 인도군대와의 전투에서 화살을 맞고 철수하게 된다.

기원전 323년 페르시아의 바빌론에서, 크나큰 뜻을 품고 동서 문화의 교류에 이바지한 알렉산더는 마침내 33세의 젊은 나이로 신화와 같은 운명을 마감하게 된다.

단지 4만 명의 군대를 거느리고 위대한 제국을 건설한 알렉산더. 그에게는 물론 우수한 부하들을 비롯하여 여러 가지 훌륭한 여건들이 있었겠지만, 무엇보다 중요한 것은 정신력이었다.

며칠 내내 싸워서 기진맥진한 상태라도, 날이 새고 따뜻한 수프 한 잔이면 다시 너끈히 일어날 수 있는 그 정신! 이것은 경험해본 사람만이 알 수 있는 것이다.

예컨대 용맹정진(勇猛精進)을 한다고 하자. 상식적으로 생각해보면 일주일간 잠을 자지 않고 밤낮 없이 좌선 정진한다는 것이 이해가 되지 않는다. 체력의 한계가 금방 오지 않을까 생각되는 것이다. 하지만 실제로 해보면 생각했던 것과는 많이 다름을 알 수 있다.

물론 힘이 들지 않은 것은 아니다. 특히 매일 잠을 자 버릇하던 심야시간 대가 되면 유독 졸음이 오고 피로감이 몰려오게 된다. 이렇게 피로가 누적되면 어떻게 일주일간 계속 정진할 수 있을까, 하는 생각이 들기도 한다. 하지만 새벽

:: 어린 나이에도 야생마를 길들여 훌륭한 자질을 보인 알렉산더

:: 페르시아 대군과의 결전

이 되어 아침을 먹고 나서 앉아 있으면 다시 하루를 정진할 수 있는 에너지가 솟아남을 느낀다. 지난 밤의 피로가 가시면서 새로운 힘이 솟는 것이다. 그렇게 하루하루 지나면서 마침내 일주일이 지나도 크게 힘들지 않게 된다. 몸도 마음도 적응해가는 것이다.

결국 초인적인 힘은 몸에서 나오는 것이 아니라, 정신에서 나온다고 말할 수 있다. 이러한 정신력 가운데에서도 가장 위대한 것은 스스로의 마음을 정복할 줄 아는 힘이다.

사찰에 가면 가장 중심되는 건물로서 대웅전(大雄殿)이 있다. 말 그대로 '위대한 영웅을 모신 큰 집'이라는 뜻이다. 그렇다면 그 건물 안에 알렉산더나 징기스칸 혹은 나폴레옹 같은 역사상의 위대한 제왕들이 모셔져 있는가? 그렇지가 않다. 석가세존이나 다른 불보살님들의 상이 모셔져 있다.

알렉산더나 징기스칸 같은 위대한 대왕들은 비록 수많은 국가와 민족을 정벌했지만 스스로의 마음을 정복하지는 못했던 것으로 보인다. 석가세존은 스스로의 마음을 정복하고 다스릴 줄 알았던 분이다. 그러므로 대웅전 안에 역사상의 위대한 제왕을 모시지 않고 석가세존의 상을 모신 것은, 백만 대군을 물리치는 것보다 자신의 마음을 다스릴 줄 아는 이, 그가 바로 진정한 영웅이라는 가르침을 주는 것이리라.

달마, 이 영화를 말한다

천 천 위 적
千千爲敵하야   수천 명을 적으로 삼아

일 부 승 지
一夫勝之이라도   혼자서 그들을 이길지라도

미 약 자 승
未若自勝하면   만약 스스로를 이기지 못한다면

위 전 중 상
爲戰中上이리오   전사(戰士) 중의 최상이 되겠는가.

『법구경(法句經)』

풀이

1. '爲'는 '하다' '되다' '만들다' '위하다' 등의 뜻이 있으며, 여기서는 '되다'의 뜻
   으로 쓰였다.

2. '未若'은 '~만 같지 못하다'는 뜻의 비교를 나타내는 어구이다.

3. 자신의 마음을 다룰 줄 아는 이가 진정한 영웅이다. 그러기 위해서는 남의 허물을
   보는 데서 눈을 돌려 자신의 허물을 살피고 참회해야 할 것이다. 도인이란 탐욕과
   성냄과 어리석음에서 벗어난 이를 말한다.

4. 『법구경』은 진리의 말씀이란 뜻으로, 석존의 가르침을 시구로 나타낸 훌륭한 불교
   입문서이다.

영화보다 재미있는 불교이야기

셋째 이야기

하나의 계송을 외더라도

부처님은 사위국에 계셨다. 어느 한 비구의 이름은 반특가인데, 새로 출가하였으나 품성이 미련하였으므로 부처님은 오백 아라한으로 하여금 날마다 그를 가르치게 하였지만, 3년 동안에 하나의 계송도 알지 못했다.

나라 안의 모든 사람들이 그의 미련함을 알았고, 부처님은 그를 가엾이 여기시어 이내 불러서 앞에다 두고 한 계송을 일러 주셨다.

'입을 지키고 뜻을 껴잡으며 몸으로는 범하지 말라. 이렇게 수행하는 이라야 세간을 초월한다.'

반특가는 부처님의 인자하신 은혜를 느끼며 기뻐하는 마음이 열리어 계송을 읊어 올렸다.

부처님은 말씀하셨다.

"너 이제 나이 늙어서야 비로소 한 계송을 외웠는데, 사람들이 모두 알고 있는 것이므로 기특하게 여길 것이 못 되느니라. 이제 너를 위하여 그 뜻을 해설하리라.

첫째로 몸은 셋(살생, 투도, 사음)이요, 입은 넷(망어, 기어, 양설, 악구)이요, 뜻은 셋(탐, 진, 치)으로 연유하는 바이니, 그 일어나는 바를 보고 그 사라지는 바를 관찰하라. 삼계(三界)와 오도(五道)가 바퀴 돌 듯 쉬지 않거니와, 그로 말미암아 하늘에 오르고 그로 말미암아 못에 떨어지며 그로 말미암아 도를 얻어서 열반이 저절로 오느니라."

그리고 나서 부처님께서는 분별하며 그를 위하여 한량없는 미묘한 법문을 말씀하시자, 반특가는 마음이 탁 트이면서 열리어 아라한의 도를 얻었다.

:: 주걱으로 문수보살의 얼굴을 때리는 무착

이때 오백의 비구니는 따로 정사에 있었는데, 부처님은 말씀하셨다.

"한 비구를 보내어 너희들을 위하여 경법을 말하게 하리라. 내일은 반특가의 차례이니 응당 그가 가게 되리라."

여러 비구니들은 듣고 모두가 미리 웃음을 띠면서 말했다.

'내일 그가 오면 우리들이 미리 그 게송을 말하여 그로 하여금 부끄러워서 한 마디 말도 못하게 하리라.'

다음날 반특가가 도착하자 여러 비구니들은 모두가 나와서 예배하고 서로가 보면서 웃었다. 앉기를 마치자 밥이 나왔고 밥이 끝나자 씻고 양치질을 하였다. 이어서 설법을 청하니, 반특가는 이내 높은 자리에 올라가서 스스로가 낮추어 말하였다.

"박덕하고 재주 없어서 아직 사문이 되지 못하였습니다. 완고하고 무던 면에 소질이 있는지라 배운 바가 많지 않습니다. 오직 한 게송만을 알고 대략 그 뜻을 알 뿐입니다. 그대들을 위하여 말하겠으니, 저마다 조용히 들어주십시오."

여러 젊은 비구니들은 미리 게송을 말하려 하였으나, 입이 열리지 않으므로 놀라고 두려워하면서 자신들을 책망하며 머리 조아려 허물을 뉘우쳤다.

반특가는 이내 부처님께서 말씀하신 그대로 몸과 입과 뜻으로 연유하는 바를 설하고, 죄와 복의 안팎과 하늘에 오르고 도를 얻는 것과 정신을 모아서 생각을 끊고 정(定)에 드는 법들을 낱낱이 분별해 설하였다.

바로 그때, 비구니들은 그의 설법을 듣고 그 기이함을 괴이하게 여기며 일심으로 기뻐하면서 모두가 아라한의 도를 얻었다.

뒷날 국왕 바사익이 부처님과 스님네를 궁궐의 모임에 청하였다. 부처님은 반특가로 하여금 바릿대를 가지고 뒤를 따라오게 하였는데, 문지기가 그를 알고 막으며 들어가지 못하게 하였다.

"당신은 사문이면서 한 게송조차 분명히 모르는데, 공양청을 받아 무엇 하겠소? 나는 속인이지마는 오히려 게송을 알고 있는데, 하물며 사문이겠습니까? 지혜가 없으므로 당신에게 보시하여도 이익이 없으니 문에 들어갈 필요가 없습니다."

할 수 없이 반특가는 문 밖에 서 있게 되었다.

부처님은 이미 전각 위에 앉으셨고 물을 다 돌려 마쳤으므로, 반특가는 할 수 없이 바릿대 가진 팔을 펴서 멀리서 부처님께 드렸다. 왕과 신하들이며 부인, 태자와 대중에 모인 사람들은 팔이 들어온 것은 보이는데 그 형상은 보이지 않으므로 괴이하게 여기면서 부처님께 여쭈었다.

"이는 어떤 사람의 팔입니까?"

부처님은 말씀하셨다.

"이는 어진 이 반특가 비구의 팔입니다."

왕은 말하였다.

"도를 얻었습니까?"

"아까 내가 바릿대를 들고 오게 하였는데, 문지기가 들어오지 못하게 하므로 팔을 펴서 나의 바릿대를 전해줄 뿐입니다."

이내 청하여 들어오게 하였더니 위신이 평소보다 갑절이었으므로 왕은 부처님께 아뢰었다.

"듣건대 존자 반특가는 본래 성품이 우둔하여 이제야 한 게송을 알았다 하는데, 어떤 인연으로 도를 얻었습니까?"

부처님은 왕에게 말씀하셨다.

"배움이란 반드시 많아야 하는 것이 아니며, 이를 행하는 것이 으뜸이 됩니다. 어진 이 반특가는 한 게송의 이치를 알되 정밀한 이치에 정신이 들고, 몸과 입과 뜻이 고요하여 마치 천금과도 같으니, 사람이 비록 많이 배웠다 하더라도 행하지 않으면 한갓 의식의 생각만을 잃게 할 뿐인데 무슨 이익이 되겠습니까?"

이때 세존께서는 다시 게송으로 말씀하셨다.

비록 천 개의 문장을 외운다 하더라도
글귀의 이치가 바르지 아니하면,
하나의 요지보다 못한 것이니
듣고서 잡념을 없애야 하리.

비록 천 마디 말을 외운다 하더라도
이치가 없으면 무엇이 이익 되랴.
하나의 이치보다 못한 것이니
듣고서 행하여야 제도될 수 있으리.

비록 경전을 많이 외운다 하더라도
이해하지 못하면 무엇이 이익 되랴.
하나의 법 글귀라도 이해하여서
행해야만 도를 얻을 수가 있으리.

출처 : 동국역경원 간, 『경율이상(經律異相)』

PART IV

사랑 그리고 자비──

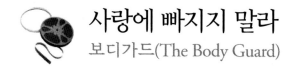

사랑에 빠지지 말라
보디가드(The Body Guard)

"당신은 겁나는 사람 없죠?"
"죽기를 각오하고 덤비면 막을 도리가 없죠."
"그럼 당신은 왜 필요하죠?"
"내가 대신 죽을 수도 있죠."
"날 위해 죽을 수도 있어요?"
"그게 내 일인걸요."
"정말 그렇게 할 수 있어요?"
"예."
"어째서요?"
"난 노래는 못하니까요."

레이첼은 아카데미 여우주연상 후보인 저명가수이다. 그에게 목숨을 위협하는 협박편지가 배달되자, 매니저는 보디가드를 고용한다. 전직 대통령 경호원 출신의 보디가드인 프랭크, 그는 완벽한 경호업무 수행을 위해서 레이첼의 일상생활을 통제하게 되고, 이로 인해 서로 갈등을 겪게 된다.

공연장에서 한차례 소동을 겪은 후에야 비로소 프랭크는 신뢰를 얻게 되고, 이러한 신뢰감은 호감으로 바뀌어 마침내 레이첼과 프랭크는 사랑에까지 빠지게 된다.

:: 무대 위에서의 레이첼은 프랭크의 접근을 막지만…

궤도를 벗어났음을 직감한 프랭크는 본연의 경호업무로 되돌아오고, 레이첼은 서운한 마음을 금할 길 없다. 갈등관계는 지속되고, 다시 협박편지를 받은 레이첼은 가족과 함께 산장으로 피신한다. 하지만 언니의 돈을 가로채기 위해 킬러를 고용했던 레이첼의 여동생이 자신이 고용한 킬러에 의해 죽음을 맞이하게 된다.

피살의 위협 속에서 강행하여 참석하게 된 아카데미 시상식장에서 레이첼은 여우주연상을 받게 되고, 무대에서 노래를 하게 되면서 킬러의 공격을 받는다. 프랭크는 몸을 날려 이를 저지하고 부상을 입게 되지만, 레이첼은 무사하고 범인은 저격된다.

이 영화의 포스터에는 다음과 같은 보디가드의 삼대 원칙이 적혀 있다.

'시선을 떼지 말라. Never let her out of your sight.'
'방심하지 말라. Never let your guard down.'
'사랑에 빠지지 말라. Never fall in love.'

경호를 제대로 하려면, 자신이 경호하는 인물에게서 시선을 떼어서는 안 될 것이다. 아울러 한시도 경계를 늦추어서는 안 될 것이다. 또한 경호해야 할 사람과 사랑에 빠지게 된다면 보디가드로서 갖추어야 할 냉정한 객관적 통찰과 판단력을 잃게 될 것이다.

이러한 문구는 참선하는 사람이 화두 드는 방법에도 적용시킬 수 있다.

그 첫째는 화두에서 시선을 떼지 않는 것이다. 앉으나 서나 화두 생각, 오나 가나 화두 생각, 자나 깨나 화두 생각, 끊임없이 화두를 지켜보아야 한다.

둘째는 방심하지 않는 것이다. 이것은 화두를 들되 건성으로 드는 것이 아니라, 주시(注視)를 해야 함을 말한다. 멍한 상태가 아니라 깨어있는 상태를 유지해야 하는 것이다. 성성적적(惺惺寂寂), 성성하게 깨어있으면서도, 적적하게 고요함을 유지한다는 것은 중도의 수행에 다름 아니다.

마지막으로 화두와 사랑에 빠져서는 안 된다. 흔히 화두를 들라고 하면 화두에 집중하는 것으로만 생각하기 쉽다. 그러나 억지로 집중하려다 보면 머리가 아파지기 시작한다. 화두는 단순히 집중하는 것이 아니라, 간(看)하는 것이다. 이것은 마치 간호사가 환자를 간호하듯이 하는 것이다. 환자를 간호한다고 해서, 아무것도 하지 않고 환자 곁에 24시간 붙어서 계속 지켜보는 것은 아니다. 이런저런 자신의 볼일을 보면서도 환자의 동태에 계속 신경 쓰고 있을 따름이다. 그러다가 때가 되면 주사도 놓아주고, 약도 갖다 주고 하면서 다만 주의를 놓치지 않고 있는 것이다.

한편 이 영화의 보디가드처럼 자신의 일에 철저한 것은 아름답다. 누가 뭐라고 하든 자신의 업무를 철저히 하기 위해서 목숨을 걸고, 비록 일시적으로 사랑에 빠졌지만 오직 본분사를 지키기 위해 제자리로 돌아오는 프랭크. 이렇게 바로 지금 여기에서 자신에게 주어진 역할에 충실한 삶을 살아나가는 것이야말로 진정한 선(禪)적인 삶일 것이다.

:: 레이첼과 프랭크는 사랑에 빠지게 된다.

승 시 승 혜 속 시 속
僧是僧兮俗是俗이며　　스님은 스님이고 속인은 속인이며

희 즉 소 혜 비 즉 곡
喜則笑兮悲則哭이라　　기쁘면 웃고 슬프면 운다.

약 능 어 차 선 참 상
若能於此善參詳하면　　만약 능히 여기에서 잘 참구하여 살핀다면

육 육 종 래 삼 십 육
六六從來三十六이니라　　육육은 본래부터 삼십육이니라

『금강경오가해(金剛經五家解)』

풀이

1. '兮'는 어구의 사이에 끼우거나 어구의 끝에 쓰이며, 옛 한어의 운문에서 어세를 고르는 조사로 쓰인다.

2. '是'는 '옳은', '이것' 등의 뜻이 있으나 여기서는 '~이다'라는 조사로 쓰였다. 그 속에는 '~이 바로 이것이다'라는 뜻을 가지고 있다.

3. '善'은 여기서 '착하다'는 뜻이 아니라 '잘하다'라는 동사로 쓰였다.

4. 각자 자신의 본분사에 충실하며 인연따라 사는 것을 떠난 도는 없다. 기쁘면 웃고 슬프면 우는 것이 쉬운 것 같지만, 스스로의 삶을 돌이켜 보라. 과연 그렇게 살아왔는지?

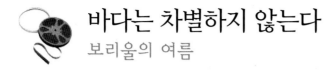

바다는 차별하지 않는다
보리울의 여름

"지는예, 한 발짝 더 나가서 읍내팀을 이기는 것에 머무르지 않고, 이 깡촌에서 우리나라 축구의 백년대계를 책임질 꿈나무를 한번 키워보고 싶습니더. 물론 우리한테 설교나 수행도 중요하지마는 진짜 중요한 것은 바루 이런 일 아니겠습니꺼?"

"그럼요, 아 혹시 압니까, 여기서 펠레가 나올지."

"바루 그기라예."

읍내 애들과 축구시합에서 형편없이 깨진 보리울 마을 아이들은 우남 스님을 감독으로 추대하고, 맹훈련에 돌입한다. 원래는 '운암'인데, 남들이 '우남, 우남' 해서 '우남'으로 법명을 바꾸었다는 우남 스님은 자칭 땡초다.

"수행자가 옷가지 같은 것에 구속받아서 무슨 수행을 하겠습니까?"라는 그의 말처럼, 그는 자유로운 삶을 추구한다. 때로는 마을사람들과 곡차도 한 잔씩 즐기고, 신부님에게도 격의 없이 접근한다. 심지어 서울서 온 아들이 성당에 다닌다는 사실에 대해서도 크게 개의치 않는다.

한편 보리울의 성당 아이들은 우남 스님이 지도한 마을 아이들과의 축구시합에서 6:0이라는 스코어로 참패를 당하고, 하도 깐깐해서 별명이 웬수인 웬장수녀, 즉 원장수녀의 눈총을 사면서도 신부님의 적극적인 지도를 받게 된다.

이렇게 해서, 스님팀과 신부팀이 맹훈련 끝에 수중전을 벌이게 되지만, 승

:: 보리울 성당에 새로 부임한 신부님과 인사를 나누는 우남 스님

부와 상관없이 우의는 더욱 깊어진다. 나아가 우리나라 축구의 백년대계를 책임질 꿈나무를 키워보겠다는 원력으로 스님이 감독을 맡고, 신부님이 코치를 맡는 보리울 단일팀이 결성된다.

마침내 전국대회 4강까지 올랐던 읍내팀과의 데뷔전. 처음에는 열세에 몰리지만, 분발을 거듭해서 스코어는 마침내 2:2. 최후의 역전골을 넣게 되면서 깐깐하기만 했던 원장수녀조차 스님과 기쁨의 포옹을 하게 된다. 보리울의 아이들은 물론이고 마을 어른들까지도 그동안 읍내사람들에게 당해온 수모를 일거에 해소하는 통쾌한 승리에 모두가 한마음이 되었던 것이다.

함께 축구하러 가자는 요청에 대해, 일요일이라서 성당에 나가야 된다고 대답하는 아들 형우를 보고 우남 스님은 아무렇지도 않다는 듯 이렇게 말한다.

"니, 성당 나가나? 그래, 차 마시거라."

조주 선사가 어떤 스님에게 물었다. "일찍이 여기에 온 적이 있는가?"
스님이 대답했다. "왔었습니다."
선사가 말했다. "차나 마셔라."
또 다른 스님에게 물었다. "일찍이 여기에 왔던 일이 있는가?"

스님이 대답했다. "왔던 일이 없습니다."

선사가 말했다. "차나 마셔라."

이에 원주가 물었다.

"어째서 왔던 이도 차나 마시라 하고, 온 적이 없는 이도 차나 마시라 하십
니까?"

선사가 불렀다. "원주여."

"예."

"차나 마셔라."

바닷물이 바닷물이 될 수 있는 것은 모든 강물을 받아들이기 때문이다. 바
다는 차별이 없다. 예컨대, 남해 바다는 섬진강 물이든 낙동강 물이든 군말 없이
받아들인다. 호남지방 강물은 받아들이고, 영남지방 강물은 받아들이지 않는다
는 식의 차별은 없다. 가장 낮은 곳에 위치해 있으면서 이 강물이든 저 강물이든
흘러들어오는 것은 모두 받아들인다.

이처럼 차별심을 두지 않고 모든 것을 포용할 수 있는 것은, 지극한 겸손
과 더불어 그만큼 자신감이 있어야 가능할 것이다.

진정 자신 있는 이는 참으로 겸손하고, 널리 포용할 줄 안다. 스스로 자신
이 없을수록 배타적이 되는 것이다.

:: 마침내 골인에 성공하는 보리울팀

지 도 무 난
至道無難이니　　　　　　지극한 도는 어려움이 없으니

유 혐 간 택
唯嫌揀擇이라　　　　　　오직 분간하고 선택함을 꺼릴 뿐이라

단 막 증 애
但莫憎愛하면　　　　　　단지 미워하거나 사랑하지만 않는다면

통 연 명 백
洞然明白하리라　　　　　통연히 명백하리라

『신심명(信心銘)』

풀이

1. '至'는 지극하다는 뜻이다.

2. '洞'을 '탁 트여 거리낌이 상태', 곧 '꿰뚫다'라는 의미로 쓸 때는 '통'이라고 읽으며, '골짜기' 등을 나타낼 때는 '동'이라고 읽는다.

3. 사랑과 미움의 상대적인 감정에서 벗어난 이가 도인이다. 예컨대 거울은 미인이 앞에 나타났다고 해서 기뻐하지도 않고, 못생긴 사람이 앞에 나타났다고 해서 찡그리지도 않는다. 다만 있는 그대로를 비춰줄 뿐이다.

4. 『신심명』은 중국 선종의 제3조인 승찬 스님이 간략하게 선의 극치를 노래한 책이다.

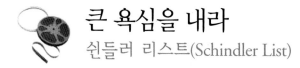

큰 욕심을 내라
쉰들러 리스트(Schindler List)

"난 상상도 할 수 없었지만 늘 뭔가 빠진 듯한 기분이었지. 사업을 할 때마다 그랬어. 이젠 알 수 있어. 실패한 건 내가 아니라 그 때문이었지. 그걸 알았다 해도 전엔 어쩔 도리가 없었겠지. 이런 건 만들 수가 없거든. 바로 그것이 성패를 좌우하는 것이었어."

"행운 말인가요?"

"아니, 전쟁!"

쉰들러는 자신의 사업에 전쟁을 잘 활용하고 있었다. 2차대전 당시 폴란드에서 법랑용기 제조공장을 운영한 독일인 쉰들러는 독일군 장교들과 친밀한 관계를 유지하는 한편, 수용소 거주 유태인의 노동력을 헐값에 사용하게 되었다. 투자자들도 유태인이었다. 그야말로 땅 짚고 헤엄치기 식의 사업은 하루가 다르게 일취월장하였다.

그는 처음에는 오직 돈벌이에만 관심이 있었지만, 즉결처형을 가차없이 시행하는 수용소장과 독일군들의 학살만행을 지켜보면서 점차 자신의 공장에서 일하는 유태인들을 향한 동정심이 싹트기 시작한다.

마침내 아우슈비츠행이 결정된 공장노동자들을 안전한 곳으로 빼돌리기 위해서 쉰들러는 자신의 전 재산을 투자하여 그들을 사들인다. 죽음의 돌풍을 막아줄 명단, 이른바 쉰들러 리스트에는 1천백 명이나 되는 사람들의 이름이 기

재되어 아우슈비츠행을 면하게 되었던 것이다.

　쉰들러는 말하자면 현대판 보살(菩薩)이라 할 수 있다. 보살은 보디사트바를 말한다. 보디는 깨달음, 사트바는 중생을 뜻한다. 한편으로는 진리에 대한 깨달음을 추구하면서, 한편으로는 모든 생명들을 평화의 세계로 인도하는 중간자적 존재이다.

　보살의 출발점은 발원(發願)이다. 서원(誓願)을 발(發)한다는 것, 이것은 일반적으로 말하는 욕심과는 다르다. 쉰들러도 처음에는 단지 돈을 많이 벌고자 하는 욕심이 있었을 뿐이었다. 그러나 어느 순간 마음을 돌이켜 자신의 공장에서 일하는 유태인들의 생명을 구하고자 하는 발원을 가지게 되었다.

　욕심은 일종의 습관적 에너지라고 말할 수 있다. 모든 것을 자신에게로 끌어당기고자 하는 습관적 에너지. 이러한 욕심은 쉽게 없앨 수 있는 것이 아니다. 이 세상에 존재하게 된 자체가 욕심으로 인한 것이고, 과거 생에서 금생에 이르도록 수없는 세월 동안 습관적으로 축적해 온 것이기 때문이다.

　따라서, 욕심을 없애고자 부질없는 노력을 하기보다는 차라리 마음을 돌이켜 큰 욕심을 세우도록 유도하는 것이 대승불교의 입장이다. 즉, 개인적 탐욕심이라는 에너지의 방향을 돌이켜 커다란 욕심을 내도록 하는 것이다. 예컨대,

:: 리스트를 작성하는 쉰들러와 비서

:: 독일인 수용소장은 심심풀이로 유태인을 향해 총을 쏜다.

진리를 깨치고자 하는 욕심, 기도 성취를 얻고자 하는 욕심, 모든 생명을 사랑하고자 하는 욕심 등이 그것이다. 이렇게 되면 이미 욕심이 아니라 발원이라 말할 수 있다.

욕심과 발원의 차이는 크게 세 가지로 설명할 수 있다.

첫째, 욕심은 다분히 개인적이고 이기적이다. 하지만 발원은 공통적 바람을 염두에 두고 있다. 나 하나만을 위한 욕심이 아니라, 우리 모두, 즉 인류 전체와 모든 생명을 위한 염원을 담고 있는 것이다. 여기에서 궁극적으로 나와 남은 구분되지 않는다. 남을 즐겁게 하는 것이 나의 행복이며, 남의 불행이 나의 고통이 된다.

둘째, 욕심은 본능적인 것이며, 발원은 능동적인 것이라 말할 수 있다. 잘 먹고 잘 살며, 부와 명예를 바라는 것은 본능적으로 타고난 것이다. 하지만 발원은 만들어나가는 것이다. 일부러 원을 발하여 자꾸 베푸는 마음을 연습함으로써 나와 남을 가르는 이분법적 견해가 녹아내리는 것이다.

마지막으로, 욕심은 결과를 중시하지만, 발원은 과정 자체를 즐긴다. 대부분의 욕심은 미래의 목적 달성에 중점이 두어져 있기 때문에 현재를 간과하는 경향이 있다. 하지만 발원은 미래나 과거에 애착하지 않는다. 바로 지금 여기에서 그 어떤 대가도 기대하지 않고서 다만 열심히 노력할 뿐인 것이다.

결국 발원은 '머무는 바 없이 그 마음을 내는 것'이다.

산당정야좌무언
山堂靜夜坐無言하니   고요한 밤 산당에 말없이 앉았으니

적적요요본자연
寂寂寥寥本自然이로다   적적하고 쓸쓸함이 본래 그대로인데

하사서풍동임야
何事西風動林野하야   무슨 일로 서풍은 임야를 움직여서

일성한안려장천
一聲寒鴈唳長天이려가   끼루룩 찬 기러기 소리 먼 하늘에 울려 퍼지게 하는가

『금강경오가해(金剛經五家解)』

풀이

1. 원래 '堂'이란 집 중에서도 사람이 기거하는 집보다는 법당이나 신당을 의미한다.

2. 앞의 두 줄은 진공(眞空), 뒤의 두 줄은 묘유(妙有)를 나타낸다. 진공은 진정한 쉼 그 자리를 뜻하며, 묘유는 중생과 더불어 생동하는 삶을 뜻한다. 궁극적으로는 진공이 곧 묘유이며, 묘유가 곧 진공이다.

참다운 사랑은 자비이다
제5원소(The Fifth Element)

"파괴시킬 게 뻔한데 뭐하러 구해요?"

"릴루… 네 말이 맞아. 하지만 아직도 구할 가치가 있는 게 많아. 아름다운 것들이!"

"사랑 같은 거?"

"그래, 사랑! 맞아! 아주 좋은 거야. 구할 가치가 있지."

1914년 이집트, 한 과학자가 상형문자를 해독하는 과정에서 절대악이 5000년 만에 한 번씩 찾아온다는 사실을 밝혀낸다. 그 시기는 300년 후이며, 절대악을 물리칠 수 있는 것은 만물을 이루는 네 가지 원소(흙, 물, 불, 바람)와 미지의 제5원소의 결합뿐이라는 것이었다.

그로부터 300년 후 뉴욕. 정체를 알 수 없는 혜성이 지구를 향해 돌진해온다. DNA복제를 통해 재생된 신비의 소녀 릴루와 코벤은 지구를 구하기 위하여 네 가지 원소를 상징하는 네 개의 돌을 찾아 나선다. 우여곡절 끝에 찾아낸 네 개의 돌에 흙, 물, 불, 바람이 형성되고, 마지막으로 제5원소인 '사랑'이 더해져 광명이 솟아난다. 결국 지구로 맹렬히 돌진해오던 혜성은 부서져 소멸된다.

이 세계를 구성하고 있는 것은 네 가지 원소, 즉 흙, 물, 불, 바람이다. 하

지만 여기에 다섯 번째 원소인 '사랑'이 더해져야만 세계가 유지될 수 있다고 이 영화는 말하고 있다.

불교에서 사랑은 자비로 표현된다. 자(慈)는 어여삐 여기는 것이며, 비(悲)는 가엾이 여기는 것이다. 사람은 크게 두 가지 부류로 나눌 수 있다. 지혜로운 자와 어리석은 자.

참다운 자비란, 지혜롭게 살아가는 사람들을 어여쁘게 여기고, 어리석게 살아가는 사람들을 가련하게 여기는 것이다. 그래서 지혜롭든 어리석든 모두를 차별 없이 사랑하여 궁극에는 열반의 세계로 인도하는 것이다.

만약, 말을 잘 듣고 순종하는 이는 사랑해서 천당에 보내주고, 말을 잘 안 듣고 순종치 않는 자는 미워해서 지옥으로 보낸다면, 그것은 참다운 자비가 아니다. 자신의 뜻에 따르면 잘 대해주고, 자신의 뜻에 반하면 처벌하는 세간 이익 집단의 논리와 무슨 차이가 있겠는가?

그러므로 『금강경』에서는 최상의 깨달음을 추구하는 이는 무엇보다 먼저 '일체의 중생을 제도하리라'는 마음을 내어야만 한다고 가르치고 있다.

일체 중생이란 말 그대로 '살아있는 모든 생명'을 의미한다. 즉, 살아있는 모든 생명들을 고통의 이 언덕에서 평화의 저 언덕으로 건네주리라고 마음먹어야 한다는 것이다. 이것은 결국 내 뜻에 순종하는 이나 거역하는 이나 모두 사랑으로써 감싸 안아야 함을 의미한다.

나아가 이러한 발원은 '일체 중생을 제도시켜 주십시오' 하거나 '일체 중생을 제도하는 사람이 되게 해주십시오' 하는 것과는 본질적으로 다르다. 이른바 주체적 서원이 되어야 하는 것이다. 일체 중생을 제도하리라고 마음먹으면, 인생의 의미가 중생제도에 있게 된다. 스스로가 인생의 주인이 되어서 가는 곳마다 하는 일마다 중생제도와 연관짓게 된다. 그러므로 세상을 살아가야할 당위성이 생겨난다. 단순히 '왜' 사냐고 묻는 것이 아니라, '어떻게' 살아야 할지를 알게 되는 것이다.

예컨대, 깨달음을 목표에 두고 참선하는 이는 모름지기 '일체 중생이 모두 다 깨달아지이다' 라고 발원을 세우는 것이 좋을 것이다. 언뜻 생각하기에는, 내가 얼른 견성해서 다른 중생들을 견성하도록 하는 것이 순서일 것 같지만, 실상은 그렇지가 않다. '내가 빨리 깨쳐서 중생들을 제도해야지' 라고 하면, 벌써 '나' 라는 생각, '중생' 이라는 생각이 앞서기 때문에 오히려 깨달음이 더디어진다. '나' 혹은 '중생' 이라는 고정관념이 사라지지 않는 한, 깨침은 멀다.

중생의 근본은 마음 속 중생이다. 스스로의 마음속에 시시때때로 일어나는 탐욕, 성냄, 어리석음이 바로 그것이다. 이렇게 원인이 되는 마음속 중생들을 제도해나가면서 궁극에는 결과로서 이루어진 바깥 중생들을 제도해나가는 것이 올바른 순서일 것이다.

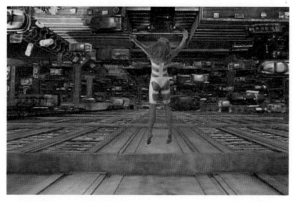

:: 건물 밖으로 뛰어내리는 릴루

금불부도로
金佛不度爐하고　　　　쇠로 만든 부처는 화로를 건너지 못하고

목불부도화
木佛不度火하고　　　　나무로 만든 부처는 불을 건너지 못하고

니불부도수
泥佛不度水하나　　　　진흙으로 만든 부처는 물을 건너지 못하지만

진불내리좌
眞佛内裏座로다　　　　참다운 부처는 속 안에 앉아 있구나

『금강경오가해(金剛經五家解)』

풀이

1. '座'는 '앉는 자리'를 말함이니 동사형인 '앉을 좌(坐)'와는 다르다. '속 안에 앉아 있다'고 해석하지만, '속 안에 자리하고 있다'라는 뜻을 가지고 있는 것이다.

2. 참다운 부처는 형상으로 볼 수가 없다. 그러므로 불상이 곧 부처는 아니다. 하지만 형상을 떠나서 부처가 따로 있는 것도 아니다.

지혜와 자비의 균형이론
뷰티풀 마인드(Beautiful Mind)

"아담 스미스는 틀렸어."

"무슨 소리야?"

"우리 모두가 금발미녀를 차지하려고 쟁탈전을 벌이면, 서로서로에게 방해가 돼. 아무도 여자를 잡지 못해. 그래서 금발 대신에 금발 친구들에게 가면, 그들은 우리를 냉정하게 대할 거야. 대타가 되긴 싫거든.

아무도 금발에 관심이 없으면, 쟁탈전도 없고 금발 친구들의 기분도 안 상해. 그게 우리 모두가 이기는 길이야. 다같이 한가롭게 즐기는 방법이지.

아담 스미스가 말하길, '최고의 결과는 개개인이 그룹 안에서 자신을 위해 최선을 다할 때 생긴다'고 했지? 이건 완전한 답이 아니야. 불완전하지. 최고의 결과는 개개인이 그룹 안에서 자기 자신은 물론 소속된 집단을 위해서 최선을 다할 때 실현된다고 봐야해.

천재수학자 존 내쉬는 1940년대 최고 엘리트들이 모이는 프린스턴 대학원에 장학생으로 입학한다. 숫자를 다루는 일에는 능수능란했지만 인간관계에는 서툴렀던 내쉬는 자신만의 독창적인 이론을 찾겠다며 수업에도 참가하지 않고, 연구에 매달린다.

그는 1949년 21세의 나이로 단지 27쪽에 불과한 '균형이론' 논문을 발표하여 일약 제2의 아인슈타인으로 떠오르게 된다. 그의 이 짧은 논문은 150여 년

:: 대학교수들에게서 존경의 표시로 만년필을 받는 내쉬

간 지속되어온 아담스미스의 경제학 이론을 뒤집고 새로운 패러다임을 제시했던 것이다.

그 후 내쉬는 엘리샤와 결혼까지 했지만, 비밀 암호해독 작업으로 인해 소련 스파이가 자기를 미행하고 있다는 망상과 환영에 시달려 결국 정신병원에 입원하게 된다. 부인 엘리샤는 헌신적으로 인내하며 내쉬를 보살피고, 점차 증세가 완화된 그는 다시 학교로 돌아가 도서관에서 연구에 몰두한다.

드디어 1994년 12월 존 내쉬는 노벨 경제학상을 수상하게 된다. 시상식장에서 그는 말한다.

"감사합니다. 저는 항상 수를 믿어왔습니다. 추론을 끌어내는 방정식과 논리를 믿었습니다. 하지만 평생 연구한 뒤에 저는 묻게 되었습니다. 무엇이 진정한 논리인가? 누가 이성을 결정하는 건가? 제 탐구는 저를 물리적 세계, 형이상학적 세계, 환상세계에 빠졌다가 이렇게 돌아오게 하였습니다. 제 경력에서 가장 중요한 것을 발견했습니다. 그건 제 인생에서 가장 소중한 발견입니다. 어떤 논리적 이성으로도 풀 수 없는 사랑의 신비한 방정식을 말입니다."

세상을 유지하는 건 논리적 이성일지 몰라도, 세상을 변화시키는 힘은 감성적 사랑에 있다.

큰 사찰의 입구에는 보통 문수보살상과 보현보살상이 놓여있다. 문수보살은 지혜의 상징으로서 사자를 타고 있으며, 보현보살은 자비행의 상징으로서 코끼리를 타고 있다. 그런데 유심히 그 모습을 관찰해보면, 사자와 코끼리의 진행 방향이 서로 다른 것을 알 수 있다. 사자는 산문 안에서 밖으로 나가는 형상을 하고 있으며, 코끼리는 산문 밖에서 안으로 들어가는 형상을 하고 있다.

이것은 무슨 의미일까? 한결같이 지혜에만 몰두하는 문수보살은 밖으로 자비행을 잊어서는 안 된다는 것이며, 한결같이 자비행에 몰두해 밖으로 나다니는 보현보살은 항상 지혜를 염두에 두어야 한다는 암시로 이해할 수 있다. 이른바, 지혜와 자비의 균형이론인 것이다.

사실 하나 더하기 하나가 항상 둘이어야 한다는 식으로는 자비복덕이 쌓일 여지가 없다. '작은 나'가 다소 손해를 보더라도 '큰 나'가 잘되게 해주는 게 자비가 되고 복덕이 된다. 베푸는 마음가짐으로 사는 것이 도리어 복이 되어 돌아오는 것이다.

지혜와 자비는 통한다. 참다운 지혜는 자비를 수반하지 않을 수 없다. 또한 참다운 자비는 지혜를 바탕으로 해야 한다. 그러므로 최상의 지혜를 구하는 보살에게 석가 세존은 다만 다음과 같은 두 가지 실천행을 제시한다.

첫째, '일체중생을 제도하리라'고 마음먹어라.

둘째, 머무는 바 없이 베풀어라.

:: 존 내쉬는 노벨 경제학상을 수상하고 소감을 말한다.

입 문 견 문 수
入門見文殊하고   산문에 들어서면 문수보살을 만나고

출 문 견 보 현
出門見普賢이라   산문을 나서면 보현보살을 만나네

군 심 약 사 아
君心若似我하면   그대의 마음이 만약 나와 같다면

환 득 도 기 중
還得到其中하리라   돌이켜 그 중도를 얻게 되리라

『쌍계사 국사암 주련』

풀이

1. '文殊'란 석가모니불의 좌보처이며 지혜를 담당하는 문수사리보살을 말한다. 무명을 깨는 지혜, 곧 보리의 상징으로 '문수'라 하였다.

2. '普賢'이란 석가모니불의 우보처이며 보살행을 담당하는 보현행원보살을 말한다. 중생구제의 보현행의 상징으로 '보현'이라 하였다.

3. '中'은 '중도'를 가리킨다. '중도'란 단견(斷見)과 상견(常見), 유(有)와 무(無), 쾌락과 고행의 양극단을 배제하는 것이다.

4. 국사암은 쌍계사의 산내암자로서, 신라 말 진감국사께서 창건하고 머물렀다 하여 국사암(國師庵)이라 한다.

넷째 이야기

불치병을 고치다

조선시대 제7대 임금인 세조는 조카인 어린 단종을 폐위시키고서 왕위에 올랐다. 그 죄에 대한 응보인지 하루는 꿈에 단종의 모후가 나타나 무섭게 꾸짖는 것이었다.

"이보시오. 내 아들이 나이가 어린 탓으로 당신이 섭정을 하고 있었으니 왕과 다름이 없었을 터인데, 그 어린 것을 왕위에서 몰아내고 귀양까지 보내더니 무엇이 더 부족하여 무참하게 죽여 버렸단 말이오. 왕의 자리가 그리도 탐이 났소? 퉤, 이 더러운 양반아!"

이렇게 말하고는 침을 뱉었다. 세조는 그 꿈에서 깨어나면서부터 온몸에 등창이 생겼는데, 그 괴로움은 말로 다할 수가 없었다. 아무리 용하다는 의원도, 또 신비스러운 영약도 아무런 효험이 없었다.

세조는 지난 일을 진심으로 참회하였다. 그리고 병을 낫게 하려고 강원도 오대산으로 떠났다. 오대산은 문수보살이 늘 계시는 영험한 도량인 까닭이었다. 세조는 오대산 상원사에 머물며 문수보살께 지극한 정성으로 백일기도를 드렸다.

마침내 백 일째 되는 날이었다. 몸이 몹시 가려워 견딜 수가 없게 된 세조는 기도를 마친 뒤에 개울에서 목욕을 하였다. 홀로 몸을 씻으면서 누가 등을 좀 밀어 주었으면 좋겠다는 생각을 하고 있는데, 마침 개울가의 샛길로 한 동자가 걸어오고 있었다. 세조는 손짓으로 동자를 불러 자기의 등을 밀어달라고 부탁하였다. 동자가 기꺼이 응하여 등을 밀어 주는데, 가려운 데가 그렇게 시원할 수가 없었다. 목욕을 마친 뒤에 세조가 동자에게 칭찬하며 말하였다.

"앞으로 어디에 가서 행여나 다른 사람들에게 임금의 옥체에 손을 대고 흉한 종기를 씻어주었다는 이야기를 해서는 안 될 것이니라."

동자는 미소를 지으며 대답하였다.

"잘 알겠습니다. 그러나 상감께서도 뒷날에 누구에게든지 오대산에 가서 문수 동자를 친견(親見)하였다는 말씀은 하지 말기를 부탁드립니다."

그러더니 동자는 홀연히 사라졌다. 세조는 그 어린 동자가 나중에 좋지 않은 소문을 퍼뜨릴까 염려되어 그런 부탁을 하였는데, 그 동자가 문수보살의 화신인 것을 알고는 부끄럽고 송구스러운 마음이 들어 어찌할 바를 몰랐다. 더구나 그 덕분에 병까지 말끔히 나았던 것이다. 그래서 세조는 나라에서 으뜸가는 화공과 조각가를 불러 자신이 본 그대로의 문수보살의 모습을 그림 그려 조각하게 하였다. 그것이 바로 상원사 선원에 모셔져 있는 문수동자상이다.

세조가 상원사에 머물 때에 식사 때면 늘 대중공양에 참예하여 발우를 펴놓고 스님들과 함께 공양하였다. 음식을 나누어 받기 전에 미리 천수(千手)물을 받아두었다가 식사가 끝나면 그 물로 발우를 씻었다. 그런데 하루는 나이 어린 사미승이 천수물을 돌리며 세조에게 이르더니 이렇게 말하는 것이었다.

"거사님, 어서 물 받으십시오."

감히 나랏님을 거사라 부르다니, 주위의 여러 스님과 따라온 신하들은 아연했다. 그 어린 사미승이 큰 벌을 받을 것이 분명하여 걱정된 것이다. 그러나 세조는 자신을 거사라 불러 준 것을 오히려 영광으로 여기며 칭찬하였다.

"네가 아니었으면 내가 누구에게서 거사라는 말을 듣겠느냐?"

그러고는 사미승에게 큰 상을 내렸다고 한다.

한 번은 이런 일도 있었다. 세조가 법당에 올라 부처님께 예배를 드리려고 하였다. 그때에 어디선가 갑자기 고양이가 나타나서 세조의 옷자락을 잡아끌며 절을 못하도록 방해하였다. 세조가 이상히 여겨 사람들을 시켜 법당 안을 살피게 하니 탁자 밑에 자객이 숨어있는 것이었다. 그리하여 곧 자객을 붙잡아내고, 고양이에게 감사하는 마음에서 상원사에 양묘전(養猫田)을 하사하여 고양이를 기르게 하였다. 그리고 법당 앞에는 돌로 고양이 상을 새겨놓았다.

:: 세조의 등을 밀어주는 문수동자

세조는 오대산에 들어가서 문수보살을 친견하여 고질로 앓던 종기병을 말끔히 치료
하였을 뿐만 아니라, 고양이 덕분에 죽을 목숨까지 건지기도 하였다. 그러니 참으로 부처
님의 은혜를 많이 입은 왕이라 하겠다. 그런 까닭에 세조는 불교탄압이 심하였던 조선시
대에 드물게 불교를 이해한 임금으로서 많은 공적을 이루었다.

출처 : 해인사 출판부 간, 『벽화로 보는 불교이야기』

PART V

업과 운명이란?

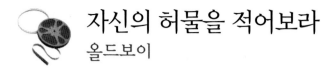

자신의 허물을 적어보라
올드보이

"누구와 싸웠던 일, 누군가를 괴롭히고 상처줬던 일들을 적기 시작했다. 그건 내 옥중일기이자 악행의 자서전이었다. 그런 대로 무난한 인생이라 생각했는데…… 너무 많았다."

오늘만 대충 수습하면서 살던 오대수. 그에게 어느 날 도저히 수습할 수 없는 일이 발생한다. 영문을 알 수 없는 감금생활이 시작된 것이다. 도대체 누가, 어째서, 그리고 언제까지인지 알 수 없는 감금이었다. 그 속에서 그는 스스로를 돌이키며 자서전까지 써보지만, 이유는 여전히 미궁에 싸여있다.

마침내 15년 만에 밖으로 나오게 되고, 그는 복수의 일념으로 미스터리를 풀어나간다. 결국 알게 된 사실은 이 모든 사건들이 오래전 고등학교 시절, 우연히 목격하게 된 남매간의 밀착된 관계를 별 생각 없이 누설한 데서 비롯하였다는 것이다.

남매지간이었던 수아와 우진은 오대수의 말 한마디로 교내에 퍼진 소문에 극심한 정신적 고통을 겪게 되었고, 결국 수아는 상상임신을 감당하지 못하고 자살을 하게 된다. 이에 대한 복수로서 우진은 오대수를 15년간이나 감금하고 아내살해범으로 몰아가게 된다.

그렇다면, 왜 우진은 오대수를 15년 만에 풀어준 것일까? 복수극이 끝난 것일까? 아니, 그것은 진정한 복수극의 시작이었을 뿐이다.

:: 오대수는 딸 미도와의 관계가 근친상 간임을 미도에게 알리지 않는 조건으 로 자신의 혀를 자른다.

우진이 조종한 최면암시를 통해 만나 사랑하게 된 여인 미도. 그 여자는 다름 아닌 오대수 자신의 딸이었던 것이다. 눈에는 눈, 이에는 이. 우진은 근친 상간에서 비롯한 원한을 근친상간으로 갚으려 한 것이다. 오대수는 딸에게 이러 한 사실이 알려질까 두려워 자신의 혓바닥을 스스로 잘라가면서까지 잘못을 빌 게 된다. 복수의 일념으로 살아오던 우진은 자괴감에 빠져 자살하고, 미도는 다 시 오대수를 만나 속삭인다.

"사랑해요, 아저씨."

'나비효과'라는 과학용어가 있다. 중국 베이징에 있는 나비의 날갯짓으로 인해 생긴 미세한 바람이 미국 뉴욕에 폭풍을 몰아오는 요인이 될 수도 있다는 것이다.

이와 마찬가지로 별 생각 없이 던진 말 한마디가 상상할 수도 없는 결과를 가져다 줄 수 있다. 이 영화에서 보듯이 오대수가 가볍게 뱉은 말 한마디로 인해 서 수아는 자살하게 되고, 우진은 오직 복수의 일념으로 살아가게 되는 것이다. 말이란 이토록 중요한 것이다.

"입을 지키고 뜻을 끌어안으며 몸으로 범하지 말라. 이와 같이 행하는 이 는 능히 도를 얻으리라(守口攝意身莫犯 如是行者能得道)."

도를 얻는다는 것은 피상적인 것이 아니고, 말과 생각 그리고 몸을 잘 다스리는 것이다. 말은 마음에 영향을 미치고, 마음은 몸을 끌고 다닌다. 그러므로 사소하게 내뱉는 말 한마디가 얼마나 중요한지 진정 알게 된다면, 결코 함부로 말하지는 않게 될 것이다.

아울러 상상임신, 상상훈련, 최면암시 등 이 영화에서 등장하는 용어들은 다분히 마음의 중요성을 부각시킨다. 상상을 통해서 마음으로 되어지는 연습을 하면 실제로도 그렇게 되어진다. 충분히 연습해서 스스로도 의심이 없는 경지에 이르게 되면 마음에 그리는 대로 되어짐을 알 수 있다.

한편 오대수와 마찬가지로, 스스로 그런 대로 무난한 인생이라고 생각하는 건 대부분의 사람들이 그럴 것이다. 하지만 마음을 돌이켜 차분히 들여다보면 의외로 많은 잘못들이 떠오르게 된다. 평상시 남의 허물 보는 데는 익숙해있지만, 자신의 허물을 돌이켜보는 데는 익숙하지 않다.

예컨대, 자기 주변의 가까운 사람 허물을 열 가지 정도 적어보기로 하자. 그리고 자신의 허물 열 가지를 적어보기로 하자. 거기에 걸리는 시간을 체크한다면, 과연 어느 쪽이 더 많이 걸릴까?

만약에 자신의 허물 찾는 시간이 훨씬 더 적게 걸린다면, 평상시 자신의 허물을 눈여겨봤다고 말할 수 있다. 그러나 이와는 반대로 남의 허물 찾아내는 시간이 훨씬 적고 자신의 허물 찾아내는 시간이 더욱 오래 걸린다면, 과연 자신의 허물이 적기 때문이라고 생각해도 될까? 거꾸로 상대방에게 허물을 적어내도록 하여도, 같은 결과가 나올지 궁금하다.

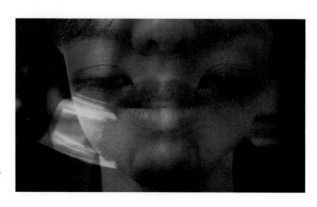

:: 자신의 아버지 오대수를 사랑하도록
   최면에 걸리는 미도

세 간 약 수 도
世間若修道인댄 　　　　세간에서 만약 도를 닦을 진댄

일 체 진 불 방
一切盡不妨하니 　　　　일체가 다 방해롭지 않나니

상 현 재 기 과
常現在己過하면 　　　　항상 드러내어 허물을 자기에게 있게 하라.

여 도 즉 상 당
與道卽相當하리라 　　　도와 더불어 서로 마땅하리라.

『육조단경(六祖壇經)』

풀이

1. '當'은 '당당하다, 해당하다' 등의 뜻이 있으며, 여기서는 '마땅하다'의 뜻이다.

2. 사람들은 도를 닦기 위해서는 세간을 떠나야 하는 것으로 알고 있다. 하지만 속세를 떠나지 않고서도 얼마든지 도를 닦을 수 있다. 그 비결은 무엇인가? 남의 허물을 보지 않는 것이다.

3. 『육조단경』은 육조 혜능 스님의 가르침을 기록한 것으로, 참선의 교과서라고도 할 수 있는 책이다. 보통 『경』이라 하면 부처님의 가르침을 말하지만, 육조 스님은 육신보살(肉身菩薩)이라 칭할 정도로 부처님 가르침의 핵심을 시대에 맞게 잘 설파했으므로 특별히 『경』이라 칭하게 된 것이다.

죄업은 있는가?
봄 여름 가을 겨울 그리고 봄

"스님, 내 등에 돌이 붙었어요. 빨리 풀어주세요."

"고통스러우냐?" "예, 스님."

"물고기도 너처럼 그렇게 하였느냐?" "예, 스님."

"개구리두 너처럼 그렇게 하였느냐?" "예, 스님."

"뱀두 너처럼 그렇게 하였느냐?" "예, 스님."

"일어나거라. 걸어보거라."

"아, 힘들어 못 걷겠습니다. 스님."

"물고기와 개구리와 뱀은 지금 어떻겠느냐?"

"잘못했습니다. 스님."

"가서 찾아서 모두 풀어주고 오너라. 그럼 풀어주마. 물고기와 개구리와 뱀 중 어느 하나라두 죽었으면 너는 평생 동안 그 돌을 마음에 지니고 살 것이다."

아름다운 호수 위 그림 같은 암자에 노스님과 동자가 살고 있다. 별 달리 놀거리가 없는 깊은 산 속, 동자는 물고기와 개구리 그리고 뱀을 잡아 돌을 매달아놓고 즐거워한다.

동자는 어느덧 제법 성숙해진 소년이 되고, 어느 날부터 병색 짙은 또래 소녀가 함께 머무르게 된다. 사춘기의 열정을 도저히 감당할 수 없었던 소년과 소녀는 육체관계를 맺게 된다. 건강을 회복한 소녀는 집으로 돌아가고 뒤이어

:: 아내를 살해하고 암자로 돌아온 김호룡에게 노스님은 분노를 삭이도록 반야심경을 새기도록 한다.

소년도 암자를 떠난다.

환속한 김호룡은 불륜의 아내를 살해하고 암자로 도피해온다. 노스님은 그에게 반야심경을 새기면서 분노를 삭이도록 한다. 마음의 분노를 삭인 그는 순순히 형사들에게 잡혀가고, 노스님은 배 위에서 스스로 다비식을 하며 앉은 채로 입적에 든다.

어느덧 장년이 된 호룡은 겨울을 맞은 암자로 돌아와 노스님의 사리를 수습하고 심신단련에 몰두한다. 어느 날 한 여인이 아기를 안고 찾아든다. 여인은 밤중에 아기를 남긴 채 홀로 도망가다 물에 빠져 죽는다. 그리고 호룡은 미륵반가상을 들고 맷돌을 끌며 산 정상으로 고행의 길을 떠난다.

다시 봄이 돌아오고, 아기는 동자승이 된다. 여전히 물고기, 개구리, 그리고 뱀을 잡아 입에 돌을 물려 놓고 즐거워하며 논다.

죄업(罪業)이란 과연 있는 것일까?

이조(二祖) 혜가대사에게 승찬이 물었다.
"제자는 몸에 풍병이 걸렸으니, 청컨대 화상께서 죄를 참회케 해주소서."

대사가 말했다.

"죄를 가져오너라. 참회케 해주리라(將罪來 與汝懺)."

승찬이 잠시 머뭇거리다가 말했다.

"죄를 찾아보았으나, 찾을 수가 없습니다(覓罪了 不可得)."

대사가 말했다.

"그대의 죄는 다 참회되었다. 마땅히 불(佛) 법(法) 승(僧) 삼보(三寶)에 의지해 살도록 하라."

이상은 중국 선종의 두 번째 조사인 이조 혜가대사와 삼조(三祖) 승찬의 문답이다. 승찬은 요샛말로 하자면, 문둥병에 걸렸던 것이다. 사람들은 보통 사소한 질환에만 걸려도 '도대체 내가 전생에 무슨 죄를 지었기에 이런 고생을 하는가?'라고 푸념을 늘어놓는다. 그런데 문둥병이라고 하면, 특히 예전에는 하늘이 내린 형벌, 즉 천형(天刑)이라고 하여 지극히 죄인시하고 기피하던 중병이다. 따라서 승찬은 자신의 죄가 엄청나다고 생각하고 이조대사에게 참회를 요청했던 것이다. 자신의 힘만으로는 참회가 불가능하리라고 생각했던 것이다.

그러나 혜가대사의 답변은 의외였다. '죄를 가져오너라. 참회시켜 주리라.' 이게 도대체 무슨 소리인가? 죄를 가져오라니?

스스로 죄 많은 중생이라고 생각하던 승찬에게 이 말은 큰 충격이었다. 죄를 찾아보았지만 그 어디에서도 죄를 찾아낼 수가 없었다. 죄라는 것의 실체가 없었던 것이다. 결국 죄는 없었다. 죄의식이 있었을 뿐!

그렇다면 죄의식은 어디로부터 온 것일까?

:: 물고기, 개구리, 뱀에 돌을 달아맨 동자승은 자신도 돌에 묶이는 벌을 받게 된다.

죄 무 자 성 종 심 기
罪無自性從心起하니   죄업에는 자성이 없어 마음따라 일어나니

심 약 멸 시 죄 역 망
心若滅時罪亦亡이라   마음이 만약 소멸하면 죄업 또한 사라지네.

죄 망 심 멸 양 구 공
罪亡心滅兩俱空하면   죄도 없어지고 마음도 멸해 둘이 함께 공해지면

시 즉 명 위 진 참 회
是卽名爲眞懺悔니라   이것이 곧 이름 하여 진정한 참회니라.

『천수경(千手經)』

풀이

1. '自性'이란 모든 사람이 태어나면서 가지고 있는 불성(佛性)을 뜻하지만, 여기서는 죄업의 실체를 말한다.

2. '참회'는 자신의 허물을 뉘우치고 다시는 되풀이하지 않겠다고 다짐하는 것이다. 이는 수행의 첫걸음으로 매우 중요한 절차이다. 하지만 궁극적으로 보자면, '내'가 있기에 허물도 있고 참회도 하게 되는 것이다. '고정불변의 나'가 없다면 누가 죄를 짓고 누가 참회를 할 것인가?

3. 『천수경』은 천 개의 손과 천 개의 눈을 갖고 있다고 하는 관세음보살에 대한 귀의와 공덕을 설한 경이다. 또한 불교사상의 핵심을 쉽고도 간략하게 정리하고 있으므로 불교 입문의 필독서이자, 현재 한국에서 가장 애송되고 있는 경전이다.

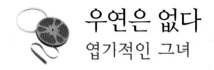

우연은 없다
엽기적인 그녀

"탈영병 아저씨, 아니 오빠! 애인이 맘 변했다구 그랬죠?

정말 애인을 사랑했어요? 스스로에게 물어보세요. 내가 보기엔 아닌 거 같아요. 정말 사랑했다면 사랑하는 사람, 놓아줄 줄도 알아야 돼요. 그렇지 않다면 사랑한 게 아니에요. 사랑하지두 않는 사람이 남한테 시집 좀 가면 어때요?

그만하세요. 그리구 당당하게 부대루 돌아가세요. 오빠 같은 사람은 사랑이 뭔지 더 알아야 돼요. 사랑이 뭔지 더 알려면 우리 모두 더 살아봐야 된다구요."

딸처럼 자란 남자 견우. 그는 머리는 좋은데 공부는 안 하는 먹구대학생이다. 그는 어느 날 지하철에서 술이 만취되어 인사불성인 여자를 만난다. 하는 수 없이 그녀를 들쳐 업고 여관에 바래다주면서, 엽기적인 만남은 시작된다.

그녀는 매사에 여자답지 않게 과감하며, 견우로 하여금 자신의 부탁을 들어주지 않을 수가 없게 만든다. 견우와 그녀는 점차 가까워지지만, 그럴수록 죽은 애인에게 미안한 마음이 드는 그녀는 2년간 자신만의 시간을 갖기를 원한다.

마침내 2년 후 약속한 날이 되어 견우는 약속장소인 소나무 아래로 찾아가지만 그녀는 나타나지 않는다. 그 후 1년이 지나서야 그녀는 약속장소로 찾아가지만, 견우를 만나지는 못하고 그곳에 있던 할아버지에게서 새로운 사실을 알게 된다. 3년 전의 그 소나무는 벼락 맞아 죽었으며, 그와 유사한 나무를 견우가 심어놓았던 것이다. 나무가 죽은 것을 알면 가슴 아플 사람이 있다고 하면서.

:: 술에 만취되어 지하철에 탄 그녀

죽은 나무와 산 나무. 죽은 사람과 산 사람.

그녀는 1년 반 만에 영국에서 돌아와, 죽은 남자의 어머니를 만나 새로운 남자를 소개받는다. 그 남자는 다름 아닌 견우였다. 이런 우연의 일치가 있을 수 있을까? 견우는 말한다.

"우연이란, 노력하는 사람에게 운명이 놓아주는 다리랍니다."

옷깃만 스쳐도 인연이란 말이 있다. 넓디넓은 세상 그리고 하구 많은 사람들 가운데서 '바로 지금 여기에서' 서로 만난다는 것은 보통 인연이 아니다. 결국 우연이란 없다고 말할 수 있다. 모든 것이 필연이다.

너무 애절한 사랑은 전생에 살생의 연이 만난 것이다. 살생의 원수를 갚기 위해서 가장 가까운 관계로 만나 절절한 사랑을 나누다가, 갑자기 죽는다거나 헤어짐으로써 상대방의 가슴을 후벼 파는 것이다. 이보다 더 통쾌한 원수 갚음이 어디 있을까?

그러므로 사랑하는 사람과 헤어졌다고 해서 너무 가슴 아파할 일이 아니다. 이 영화의 대사에서처럼, 정말 사랑한다면 놓아줄 줄도 알아야하는 것이다.

인생에 있어서 가장 귀중한 시간은 언제일까? 지나간 과거의 아름다웠던 추억일까? 혹은 아직 오지 않은 미래의 장밋빛 꿈일까? 물론 이 모두가 다 소중하기는 하다. 하지만, '바로 지금'이 없다면 과거나 미래도 없다. '현재'조차도 머무르지 않는다. 다만 '바로 지금'만이 있을 뿐!

그렇다면 인생에 있어서 가장 확실한 공간은 어디일까? 지나간 여름에 찾았던 바닷가일까? 내년에 가고자 하는 환상의 섬일까? 하지만, 무엇보다도 내가 지금 발을 딛고 있는 '여기'가 없다면 '거기'나 '저기'도 있을 수 없다. 다만 '여기'만이 있을 뿐!

인생에 있어서 가장 충실히 대해야 할 사람은 누구일까? 부모나 친지, 혹은 아이나 은인일까? 물론 이 모두가 소중하기 짝이 없다. 하지만 내가 바로 지금 여기서 대면하고 있는 '이 사람'이야말로 충실히 대해야 할 사람이다. 바로 지금 여기에는 '이 사람'밖에 없기 때문이다. 집에서는 가족, 직장에서는 선후배나 동료직원, 모임에서는 친구들이 그렇다.

'바로 지금'이 과거나 미래를 위해서 존재하는 것이 아니다. 과거나 미래가 '바로 지금' 때문에 존재한다.

'여기'가 거기나 저기를 위해서 존재하는 것이 아니다. 거기나 저기가 '여기' 때문에 존재한다.

바로 지금 여기에 있는 '이 사람'이 '나'를 위해 존재하는 것이 아니다. '내'가 '이 사람' 때문에 존재한다.

:: 견우와 그녀는 등산을 가서 소나무 아래에 편지를 묻고는 2년 후 꺼내보자고 약속한다.

진 성 심 심 극 미 묘
眞性甚深極微妙하야   참된 성품은 매우 깊고 극히 미묘하여

불 수 자 성 수 연 성
不守自性隨緣成이라   자성을 고집하지 않고 인연따라 이루어지네.

일 중 일 체 다 중 일
一中一切多中一하며   하나 가운데 일체이고 많은 가운데 하나이며

일 즉 일 체 다 즉 일
一卽一切多卽一이라   하나가 곧 일체이고 많은 것이 곧 하나이네.

『법성게(法性偈)』

풀이

1. '眞性'은 진실한 성품, 즉 불성(佛性)을 말한다.

2. 맹자는 성선설(性善說)을 주장했고, 순자는 성악설(性惡說)을 주장했다. 그러면 불교의 입장은 어느 쪽에 가까울까?
   불교는 성선설도 성악설도 아니다. 성공설(性空說)이라고 말할 수 있다. 본성은 공한 것이어서, 고정된 실체가 없이 존재한다. 다만 인연따라 일어나서 인연따라 사라질 뿐! 그러므로 온 우주가 한 몸뚱이며, 지극히 작은 것과 지극히 큰 것도 서로 통한다. 예컨대, 드넓은 우주와 지극히 작은 세포는 같은 구조를 갖고 있는 것이다.

3. 『법성게』는 신라의 의상대사가 당나라에서 화엄학을 배우고 그 요지를 함축해 드러낸 게송으로, 불에 넣어도 타지 않는 영험을 보였다고 한다.

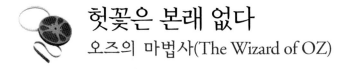

헛꽃은 본래 없다
오즈의 마법사(The Wizard of OZ)

"당신은 누구세요?"

"난 위대하고 강력한 오즈다."

"당신이? 말도 안돼요."

"미안하지만 사실이야. 나 말고 오즈는 없어."

"사기꾼!"

"그래, 정확하게 난 사기꾼이야."

"아주 나쁜 사람이야."

"아니, 난 좋은 사람인데, 나쁜 마법사일 뿐이야."

"당신이 약속한 양철인간의 심장은 어떻게 되는 거지? 겁쟁이사자의 용기는? 밀짚인간의 뇌는?"

강아지 토토를 사랑하는 귀엽고 당찬 소녀 도로시는 어느 날 폭풍에 휘말려 환상의 세계에 도착한다. 그녀는 집으로 돌아가기 위해 오즈의 마법사를 찾아 나선다. 도중에 만나게 되는 허수아비와 양철인간, 그리고 겁쟁이사자. 그들에게는 하나같이 결핍된 것이 있었다. 허수아비는 뇌가 없었고, 양철인간은 심장이, 그리고 겁쟁이사자에게는 용기가 없었던 것이다.

마침내 오즈의 마법사를 만났지만, 그는 마녀의 빗자루를 가져와야 이들의 요청을 들어주기로 한다. 도로시를 비롯한 세 사람은 두뇌와 열정 그리고 용기를 발휘해서 마녀를 물리치고 빗자루를 가져온다.

오즈의 마법사를 만나 세 사람은 자신이 원하는 바가 이미 자신 안에 갖추어져 있음을 확신하게 되고, 집을 떠나서야 집의 소중함을 느낀 도로시도 드디어 고향으로 돌아가게 된다.

집으로 돌아갈 방법을 바깥에서 찾았던 도로시. 그녀는 비로소 자신의 마음속에 고향이 있다는 것을 터득하고, '집보다 소중한 곳은 없다'고 읊으면서 집으로 돌아간다.

지혜로우면서도 뇌를 원하던 허수아비, 다정하고 열정적이면서도 심장이 없다고 생각하던 양철인간, 용감하면서도 용기가 없다고 생각하던 겁쟁이사자, 이들은 모두 가장 가까운 곳에 존재하는 것들을 먼 곳으로 찾아 헤매고 있었던 것이다. 스스로 자신이 지니고 있는 소중한 가치를 알지 못하고 밖으로 찾아다녔다고나 할까?

이와 유사한 예로 『능엄경』에 연야달다의 비유가 있다.

연야달다는 어느 날 거울을 보다가 거울 속의 머리는 눈썹과 눈이 볼 만한

:: 오즈의 마법사를 만나기 위해 에메랄드 시로 들어서는 도로시 일행

:: 도로시 일행. 양철인간, 허수아비, 도로시, 겁쟁이사자.

데, 자신의 머리에서는 눈도 얼굴도 보이지 않는다고 생각하였다. 거울에 뻔히 보이는 얼굴이 자신의 얼굴이 아니라 생각하고, 자신의 얼굴이 없어져 도깨비가 되었다고 생각한 것이다. 한마디로 말해서 미친 것이다. 미쳐서 밖으로 치달아 자신의 얼굴을 찾아 다녔다.

그러나 미쳤다고 해서 자기 얼굴이 없어진 것은 아니다. 본래 면목은 그대로이다. 그러므로 다만 미친 증세만 쉬면, 그대로가 본래 면목이다. 밖으로 찾을 일이 없는 것이다.

이것은 마치 허공 속의 헛꽃을 보고 실재한다고 믿는 것과 마찬가지이다. 헛꽃은 본래 없다. 없는 것을 내 눈이 피로하니까 있는 것으로 착각하고 있을 뿐이다. 그런데 착각으로 보는 것도 역시 보는 것이다. 헛꽃에 초점이 맞추어져 있는 한, 허공은 눈에 들어오지 않는다. 착시가 쉬어야 허공이 비로소 눈에 들어온다. 요컨대 헛꽃은 실재하지 않는다. 하지만 착시현상은 실재한다.

그러므로 본래 면목은 밖으로 따로 찾아다닐 것이 아니라, 위와 같은 미친 증세 혹은 착시현상을 쉬기만 하면 바로 그 자리에 본래 갖추어져 있는 것이다.

그렇다면 미친 증세나 착시현상은 어떻게 쉴 수 있을까?

도 불 속 수   약 언 수 득
道不屬修하니 若言修得이라면   도는 닦음에 속하지 않으니, 만약 닦는다고 말
                                                한다면

수 성 환 괴   즉 동 성 문
修成還壞하야 卽同聲聞이요   닦아서 이루었으니 다시 부서져 곧 성문과 같
                                                을 것이며

약 언 불 수   즉 동 범 부
若言不修라면 卽同凡夫이니라   만약 닦지 않는다고 말한다면 곧 범부와 같을
                                                것이다.

『마조록』

풀이

1. '聲聞'이란 이성(二聖), 즉 연각(緣覺)을 가리키는 말로서, 부처님의 가르침을 듣고
   비록 인연법을 깨닫기는 하였으나 중생구제에는 뜻을 두지 못하고 자기의 완성에만
   힘쓰는 수행자를 말한다.

2. '凡夫'는 깨닫지 못하고 무명 속을 헤매는 일반인이다.

3. 도는 닦음을 필요로 하지 않는다. 닦는다는 것은 오염을 전제로 한 말이다. 하지만
   본성은 오염된 적도 없고 오염될 수도 없다. 그러므로 성품은 닦을 것이 아니다. 다
   만 보기만 하면 된다. 견성(見性)하는 것이지, 수성(修性)하는 것이 아니다.

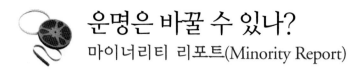

운명은 바꿀 수 있나?
마이너리티 리포트(Minority Report)

"때로는 셋의 예언이 엇갈리기도 해요."

"네?"

"대개는 세 명이 똑같이 미래를 보지만 가끔 한 명이 다르게 보기도 하죠."

"맙소사, 그걸 왜 전 몰랐죠?"

"소수의견의 리포트는 파괴되거든요."

"왜요?"

"시스템의 완벽성엔 흠집이 없어야 돼요. 오류의 여지를 인정하면 효율성에 문제가 생기죠."

"그럼, 제가 무고한 사람들을?"

"용의자 중 일부는 그 미래가 예언과 달랐을 수도 있겠죠."

서기 2054년 워싱턴 D.C. 존은 범죄예방수사국 우발범행수사반 반장이다. 워싱턴에서는 범죄예방시스템을 이용하여 지난 6년간 살인사건이 한 건도 없었다. 아가사와 쌍둥이는 살인을 미리 예지하여 가해자와 피해자의 이름, 그리고 시간과 영상을 제공한다. 이를 통보받은 수사반에서는 미리 범죄현장에 출동하여 살인예정자를 체포함으로써 사건을 미연에 방지할 수 있었던 것이다.

그러던 어느 날 살인범인의 명단에 존의 이름이 오르게 된다. 존은 도저히 믿어지지가 않아 도망을 치고, 법무성 수사관에게 쫓기게 된다. 이를 파헤쳐나

:: 살인예상지역에 출동한 우발범죄수사반.

가는 과정에서 마침내 아들 살해를 자처하는 범인을 만나게 되지만, 예지와는 달리 그를 죽이지는 않고 체포하고자 한다. 하지만 음모에 의해 총을 발사하고, 결국 시스템 도입 후 첫 살인사건이 발생하게 된다.

한편 이 시스템을 전국에 확산시킬 욕심을 갖고 있던 수사국의 버지스 국장은 아가사를 데리러 온 아가사의 모친을 살해한다. 시스템을 역이용해 잔영(데쟈뷰)을 이용한 완전범죄를 꿈꾼 것이다. 그리고 이를 눈치 챈 법무성 수사관을 살해한다. 알고 보니, 존을 살인으로 몰고 간 것도 국장의 사주에 의한 것이었다. 결국 사실은 밝혀지고 국장은 자살을 선택한다. 2054년, 범죄예방시스템은 폐지된다.

운명은 바꿀 수 있는가? 그 답은 '바꿀 수 있다'는 것이다.
『금강경』에서 석존은 이렇게 말씀하신다.

"다시 또한 수보리야, 선남자와 선여인이 이 경전을 수지하고 독송하되 만약 다른 사람에게 가볍고도 천한 대우를 받는다면, 이 사람은 전생 지은 죄업으로 응당 삼악도에 떨어져야 할 것이지만, 금생에서 가볍고도 천한 과보를 받는 것으로 전생의 죄업이 소멸하고 위없이 바르고 평등한 깨달음을 얻게 되리라."

『금강경』을 받아 지니고 독송하는 공덕으로 과거에 지은 막중한 죄업도 가볍게 때우고 지나갈 수 있다는 것이다. 거기서 한 걸음 더 나아가 최상의 깨달음도 얻게 된다고 한다. 얼마든지 운명을 개척해나갈 수 있는 것이다.

이것은 돌덩이의 비유로도 설명할 수 있다. 가벼운 돌덩이라도 그냥 물에 던져 넣으면 가라앉게 마련이다. 하지만 제법 무거운 바위덩어리라도 큰 배에 실으면 가라앉지 않는다.

부처님의 가르침은 커다란 배와 같아서, 중생들의 업장이 아무리 무겁다 할지라도 충분히 실어 나를 수가 있는 것이다. 고통의 이 언덕에서 평화의 저 언덕으로.

미래의 모든 일이 다만 신의 뜻에 달려 있다거나, 이미 확고히 결정되어있어서 전혀 바꿀 수 없는 것이라면, 자신의 노력이나 수행이 궁극적으로 무슨 의미가 있겠는가?

주어진 운명을 한탄할 일도 아니고, 모든 것을 신의 뜻에만 맡겨놓을 일도 아니다. 꾸준한 수행을 통해 몸과 마음을 닦아나가는 것이 중요하다. 팔자를 고치려면 마음을 고쳐야 하는 것이다.

그렇다면 마음은 어떻게 생겼을까?

:: 세 명의 예지자 중 한 명인 아가사. 그녀는 존의 범죄와 관련하여 다른 예지자와 다른 정보를 제공한다.

약 인 욕 료 지 삼 세 일 체 불
若人欲了知三世一切佛인댄　　　만약 삼세의 일체 부처님을 알고자 한다면

응 관 법 계 성
應觀法界性하라　　　　　　　　마땅히 법계의 성품을 관찰하라

일 체 유 심 조
一切唯心造니라　　　　　　　　일체가 오직 마음이 지어냄이로다.

『화엄경(華嚴經)』

풀이

1. '人'은 해석하지는 않으나, '누구나' 정도의 뜻을 가지고 있다.

2. '三世'란 과거, 현재, 미래의 총칭이다.

3. '法界'는 사물의 근원, 법의 근원을 말한다. 대승불교에서는 이 전 우주의 존재를 법(法), 즉 진리의 표출이라 보고, 이것을 진여의 동의어로 사용한다. 그리고 이 법 계는 진리 그 자체로서의 부처님, 즉 법신(法身)과 같은 뜻이다.

4. 일체 모든 것이 성품(본마음)에서 나왔다. 성품에서 마음(분별심)이 일어나고, 마음 에서 물질(몸)이 생겨났다. 물질은 뭉친 에너지요, 마음은 파동에너지며, 성품은 순 수에너지다.

5. 『화엄경』은 부처님의 깨달음의 경지를 드러낸 대승불교 최상의 경전이다. 여기서 화엄이란 꽃으로 장엄했다는 의미로서, 갖가지 꽃으로 꾸몄음을 나타낸다. 화려한 장식용 꽃이나 조촐한 들꽃이나 모두 이 우주를 장엄하고 있는 것이다. 들국화는 장미꽃을 부러워하지 않는다는 의미를 내포하고 있다.

영화보다 재미있는 불교이야기

다섯째 이야기

개미 구제하고
목숨이 늘어나다

옛날 조그마한 나라가 있었다. 성에서 멀리 떨어지지 않은 곳에 좋은 숲이 있었는데, 다섯 명의 도인이 그 안에서 도를 닦고 있었다. 어느 한 비구는 여섯 가지 신통을 얻었는데, 나이 여덟 살이 되는 한 사미와 함께 산중에 있으면서 저마다 한쪽에 앉아 경전의 도를 생각하고 있었다.

그 스승은, 사미의 수명이 7일밖에 남지 않았음을 알게 되었다. 그곳에 있다 죽으면 그의 부모가 '돌봄이 허술해서 아이를 죽게 했다' 하면서 마음에 원한을 품겠으므로, 이내 사미에게 말하였다.

"너의 부모가 너를 생각하니 너는 집으로 돌아갔다가 여드레가 되는 날 아침에 오거라."

그러자 사미는 기뻐하면서 머리를 조아리고 떠나가다가 길에서 큰 비를 만났는데, 길바닥에 물이 괴며 세차게 흘러내렸다.

때마침 그 땅에는 개미구멍이 있었는데, 그 흐르는 물이 들어가려 하므로 사미는 '나는 부처님의 제자다. 첫째는 인자한 마음을 내야 하고, 둘째는 중생을 살려주어야 한다.' 라고 생각하였다.

이내 흙으로 막고 물을 터서 다른 곳으로 흘러가게 하고서 사미는 집으로 돌아갔다.

그리고 다른 변화가 없이 8일째 새벽에 돌아오자, 스승이 멀리서 그를 보고 괴이하게 여기면서 생각했다. '7일 만에 죽었어야 하는데, 이게 무슨 일일까? 귀신으로 화현하여 오는 것은 아닐까?'

이내 삼매에 들어가 그가 개미를 구제하여 현세에서 목숨을 늘리게 되었음을 알게

:: 포대 화상. 당나라 명주 사람으로 법명은 계차(契此)이다. 온갖 것이 들어 있는 커다란 자루를 메고 다녔으며, 사람들이 원하는 것이 있으면 언제든지 내어주었다고 한다.

되었다.

　사미가 와서 머리 조아려 예배하고 한쪽에 앉으므로 스승은 말하였다.

　"너는 큰 공덕을 지었는데, 스스로가 알고 있느냐?"

　사미는 말하였다.

　"7일 동안 집에 있었으며, 다른 공덕은 없었습니다."

　스승은 말하였다.

　"너의 수명은 다 했어야 했으나, 엊그제 개미를 구제하였기 때문에 현세에서 수명을 팔십여 년 늘렸느니라."

　그러자 사미는 기뻐하면서 착한 일에는 과보가 있음을 믿고 더욱 부지런히 닦고 정진을 게을리 하지 않다가 아라한이 되었다.

출처 : 동국역경원 간, 『경율이상(經律異相)』

PART VI

존재하는 것은 변화한다 ——

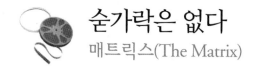

숟가락은 없다
매트릭스(The Matrix)

"매트릭스는 모든 곳에 있어. 우리 주위의 모든 곳에. 바로 이 방 안에도 있고, 창 밖을 내다봐도 있고, TV 안에도 있지. 출근할 때도 느껴지고, 교회에 갈 때도, 세금을 낼 때도…. 진실을 보지 못하도록 눈을 가리는 세계란 말이지."

"무슨 진실요?"

"네가 노예란 진실. 너도 다른 사람과 마찬가지로 모든 감각이 마비된 채 감옥에서 태어났지. 네 마음의 감옥…. 불행히도 매트릭스가 뭔지 말로는 설명할 수 없어. 직접 보아야만 해."

네오는 낮에는 소프트웨어회사의 프로그래머로, 밤에는 컴퓨터 해커로 살아간다. 어느 날, 자신의 컴퓨터에 이상한 자막이 뜬다. 그리고 그 자막을 따라 찾아간 곳에서 트리니티를 만나게 된다.

트리니티는 네오를 모피어스에게 인도하고, 모피어스는 네오에게 지금까지 살아온 세상이 매트릭스에 의해 조종되는 가짜세상이라 일러준다. 자신들이 노예란 진실을 보지 못하도록 통제되고 조작되는 세상. 또한 네오가 바로 매트릭스로부터 인류를 구원할 '그(The One)'라고 확신한다.

정작 네오는 이를 반신반의한 채로 컴퓨터 프로그램에 의한 각종 훈련을 마스터하게 된다. 사이퍼의 배신에 의해 사로잡힌 모피어스를 구하러 출동하는 네오는 마지막 순간에 요원들의 총알세례를 받고 쓰러지지만, 사랑과 확신이 담

:: 모피어스는 네오에게 말한다. "어디가 현실인가?"

긴 트리니티의 키스를 받고 되살아난다. 더욱 강력해진 네오는 매트릭스를 해독
하면서 마침내 지금까지 아무도 당할 수 없었던 요원들을 물리치게 된다.

⟡

모피어스는 말한다.

"진짜 현실 같은 꿈을 꾸어본 적 있나? 그런 꿈에서 깨어날 수 없다면, 그
것이 꿈인지 생시인지 어떻게 알 수 있지?"

매트릭스는 일종의 시스템이다. 사람들은 시스템에 잘 길들여져서 오히려
시스템을 보호하려고 한다. 현실이 아닌 꿈속 같은 세상에서 살고 있지만, 그것
이 현실인 양 착각하고 있는 것이다. 하지만 매트릭스 안에서 모든 것은 가짜다.
그렇다면 지금 우리가 살고 있는 세상은 과연 진짜 세상일까, 가짜 세상일
까? 이 세상은 실제로 존재하는 것일까?
『금강경』에서는 말한다.
"세존이시여, 여래께서 설하신 삼천대천세계는 곧 세계가 아니고 그 이름
이 세계입니다. 왜냐하면 만약 세계가 실제로 있는 것이라면 곧 '한 덩어리로
뭉쳐진 것(一合相)'이어야 할 것입니다. 그런데 여래께서 '한 덩어리로 뭉쳐진
것'이라고 말씀하신 것은 실제로 '한 덩어리로 뭉쳐진 것'이 있는 것이 아니고

그 이름이 '한 덩어리로 뭉쳐진 것'일 뿐입니다."

"수보리야, '한 덩어리로 뭉쳐진 것'은 말로써 표현할 수 없거늘 다만 범부들이 그 일에 탐착할 뿐이니라."

'세계'라는 고정불변의 실체는 없다는 말이다. 다만 이름이 있을 뿐.

한 덩어리로 뭉쳐진 모양으로서의 고정된 세계는 없다. 시시각각으로 변화하는 모습으로서의 세계가 있을 뿐이다. 우주는 지금 이 시간에도 시시각각 팽창하고 있다고 한다.

모든 존재는 변화한다. 시시각각으로 변화하는 모습 가운데 어느 것을 붙잡아, 이것이 '나'다, 이것이 '세계'다, 할 수 있을까? 이에 관한 어떠한 이론이든 다만 희론에 불과하다.

이 영화에서 마음대로 숟가락을 휘었다 폈다 하는 동자승은 말한다.

"휘게 하려고 생각하진 말아요. 그건 불가능해요. 그 대신에 진실만을 인식해요."

"무슨 진실?"

"숟가락이 없다는 진실요."

"숟가락이 없다고?"

"그러면 숟가락이 아닌 나 자신이 휘는 거죠."

:: 숟가락을 자유자재로 휘는 동자승의 이야기를 듣고 있는 네오.

범 소 유 상
凡所有相이   무릇 있는 바의 상은

개 시 허 망
皆是虛妄하니   모두 허망하니

약 견 제 상 비 상
若見諸相非相하면   만약 모든 상이 상 아닌 줄을 알면

즉 견 여 래
卽見如來하리라   곧 여래를 보게 되리라.

『금강경』

풀이

1. '凡'은 발어사의 일종으로 '무릇'이라고 새긴다.

2. 금강경에서 相은 세 가지 의미로 쓰인다. 첫째는 산냐로서 존재론적 고정관념, 둘째는 니밋따로서 겉모양, 영상, 표상, 셋째는 락샤나로서 특징, 특상, 32상을 나타낸다.

3. '是'는 '바로 ～이다'라는 뜻이다.

4. '如來'는 부처님의 열 가지 이름 중 하나로, 깨달음의 완성에 도달하여 중생들 속으로 오신 분이라는 뜻이다.

5. 모든 존재는 변화한다. 그 속에 변화하지 않는 고정된 실체는 없다. 그러므로 시시각각 생멸하는 일체가 곧 '나'이다.

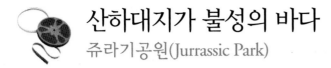

산하대지가 불성의 바다
쥬라기공원(Jurrassic Park)

"쥬라기공원에서 야생 번식한 새끼는 한 마리도 없습니다."

"그걸 어떻게 알죠?"

"우리 공원에는 암컷만 있거든요. 인위적으로 조절했죠."

"하지만 모두 암컷인지 치마라도 들쳐보았나요?"

"염색체를 조절하면 간단합니다. 모든 척추동물의 태아는 본질적으로 암컷이지만 적정성장단계에서 호르몬이 주입되어 수컷이 됩니다. 우린 그걸 봉쇄한 겁니다."

"그런 통제는 불가능합니다. 진화가 우리에게 가르쳐준 교훈이 있다면, 생명이란 가둘 수 없는 것이며, 끊임없이 자유를 갈구한다는 겁니다. 고통스럽고 위험한 장애라도 뛰어넘죠."

공룡전문가인 그랜트 박사와 고식물학자인 새틀러 박사는 존 해먼드를 만난다. 해먼드는 자신이 소유한 코스타리카의 한 섬에 공룡들을 테마로 한 공원을 조성하고 있었다. 일반에게 공개하기에 앞서 전문가들에게 안전성을 확인받고자 했었던 것이다.

그는 호박 속에 갇혀 화석이 된 모기의 체내에서 멸종된 지 6,500만 년이 지난 공룡의 혈액을 채취하였다. 여기서 얻은 DNA와 개구리 모세포를 이용하여 공룡들을 부활시킨다. 이 과정에서 모든 공룡들을 통제 가능하도록 하기 위

:: 무리 지어 이동하는 공룡을 피해 달리는 사람들

해서 자연번식하지 않도록 암컷만 만들어낸다. 하지만 암컷만 남게 된 개구리는 번식을 위해서 성 변이를 한다는 사실을 간과한다.

결국 공원은 통제 불능상태에 빠지고, 공룡의 습격에서 간신히 목숨을 건진 사람들만 공원에서 탈출한다. 이미 오랜 세월 전에 자연의 선택에 의해서 도태된 공룡과 이 시대 사람들과의 평화공존은 불가능했던 것이다.

모든 생명은 극한상황에 도달하게 되면 오직 한 가지에만 관심을 갖는다고 한다. 그것은 '생존'이다. 그러므로 살생은 가능한 한 피해야 할 일이다.

신라 때 혜통화상이 출가하기 전의 일이다. 어느 날 산에서 놀다가 수달을 한 마리 잡아먹고 뼈를 뒤뜰에 버렸다. 이튿날, 어제 버린 수달의 뼈가 보이지 않아 핏자국을 좇아가보니, 동굴 속에서 뼈만 남은 수달이 다섯 마리의 새끼를 꼭 감싸고 있는 것이었다. 이를 보고 크게 놀란 혜통은 살아있는 생명들의 존엄성을 깊이 깨달아 반성하고는 출가하게 된다.

통상 불살생(不殺生)이라 하면, 살아있는 생명을 죽여서는 안 된다는 의미로 해석한다. 하지만, 불살생의 참된 의미는 불성(佛性)을 살려내는 것이다. 불성을 살려낸다고 하면, 사람들 가운데 내재하고 있는 불성을 끌어내서, 그것을 더욱 크게 생장시키는 것이라 생각하기 쉽다. 하지만, 불성이란 드러나 있는 것이다. 드러나 있는 일체의 것은 살아있는 것이며, 부처의 생명을 살고 있는 것이다.

통례로 살아있다고 하면, 동물만을 살아있다고 생각하여 초목이나 산하 등은 살아있는 것이 아니라고 생각하기 쉽다. 하지만 동물만이 살아 있는 것이 아니라, 풀도 나무도 산도 강도 모두가 살아있는 것이다. 일체는 살아있는 것이고, 그 살아있는 것의 일원으로서 인간도 살아있는 것이다. 그런 의미에서 산하대지가 모두 불성의 바다인 것이다.

따라서, 불성을 살려낸다는 것은 온갖 사물, 풀과 나무와 산과 강의 생명을 살리는 것이다. 풀과 나무와 산과 강의 생명과 하나가 되어, 인간 자신이 이들 생명과 함께 사는 것이다. 눈을 맑게 하면 풀도 나무도 진리의 자태를 열어 보이는 것이며, 귀를 맑게 하면 산도 강도 진리의 소리를 노래하고 있는 것이다. 그것들과 더불어 사는 것이 불살생의 참된 의미이다. 인간의 최고 생활이란 이처럼 모든 것이 살아있는 세계에서 자신도 그들과 함께 살아가는 것이다.

모든 것이 살아있다는 것은, 모든 것이 움직이고 있다는 것이다. 모든 사물은 시시각각 멈추지 않고 움직이고 있다. 그러므로 산이 걷는 것을 알지 못하는 것은 자신이 걷는 것을 알지 못하는 것이다. 자신이 걸으면 산도 걷는다. 즉 산은 단순한 자연물이 아니고 자신과 하나인 것이다. 이러한 경지에 이른 때, 비로소 한 포기 풀, 하나의 사물의 진실이 분명하게 되는 것이다. 그것이 진정 하나의 사물을 깨닫는 것이며, 한 포기 풀을 깨닫는 것이리라.

계 성 변 시 광 장 설
溪聲便是廣長說이어니　　시냇물 소리가 문득 부처님의 말씀이거늘

산 색 기 비 청 정 신
山色豈非淸淨身이리오　　산 빛이 어찌 부처님의 몸이 아니리오.

야 래 팔 만 사 천 게
夜來八萬四千偈는　　밤새워 읊은 팔만사천 게송은

타 일 여 하 거 사 인
他日如何擧似人하리오　　훗날 어떻게 사람들에게 들어 알리리오.

『소동파 오도송』

풀이

1. '廣長說'은 부처님 32상의 하나로서, 부처님의 말씀을 가리킨다.

2. '淸淨身'이란 청정법신인 비로자나 부처님을 말한다.

3. '似'는 주로 '비슷하다'는 뜻으로 쓰이지만, 여기서는 '알리다'의 뜻으로 쓰였다.

4. 우주 만물 일체가 곧 '나'이고 '부처'다. 법문을 설하는 이는 누구이며, 법문을 듣는 이는 누구인가?

외계인은 존재하나?

콘택트(Contact)

"우리 은하계만 해도 4천억 개의 별이 있다는 걸 알아요? 그 백만 개에 하나 꼴로 행성이 있고, 그 백만 개에 하나 꼴로 생명체가 있고, 그 백만 개에 하나 꼴로 지적인 존재가 산다고 해도, 수백만 개의 문명이 우주 속에 있을 수 있어요."

"안 그렇다면 엄청난 공간의 낭비겠죠?"

우주 어딘가에 지적인 존재가 있을 것이라고 확신하는 엘리 애로웨이 박사는 어느 날 베가성으로부터 낯선 신호를 받는다. 신호를 분석해본 결과, 두 가지 사항이 내포되어있음을 알아낸다. 그 중 하나는 1936년 베를린 올림픽 개막식 때 히틀러가 시도한 전파방송이었고, 다른 하나는 이에 대한 응답으로 외계 생명체와 교신할 수 있는 우주선의 설계도였다.

이 설계도에 따라 만든 시스템에 승선하여 외계의 생명체와 접촉하고자 하는 시도는 우여곡절 끝에 성공한다. 애로웨이 박사는 외계인을 만나 이 광활한 우주에 존재하는 생명체는 결코 인류만이 아니라는 사실을 알게 되고, 지구로 돌아와 이 사실을 알리지만 아무도 이를 믿으려하지 않는다. 그녀가 우주선 안에서 시공구조를 지나는 통로인 웜홀을 통해 베가성에 다녀온 시간은 지구인들이 보기에 낙하하는 짧은 순간에 불과했기 때문이다.

과학과 불교에는 공통점이 있다. 진리의 추구가 그것이다. 나란 무엇일까? 우주는 어떻게 생겼을까? 생명의 기원은? 영혼은 존재하는가? 등등.

 불교는 이런 문제들에 답하기에 앞서, 우선 인간 스스로가 지니고 있는 고통의 문제를 직시할 것을 가르친다. 내가 지금 느끼고 있는 고통은 어디에서 오는 것일까? 고의 원인은?

 고의 원인은 무엇보다도 집착에 있다고 보는 것이 불교의 입장이다. 그 중에서도 특히 '나'에 대한 애착, 즉 '나'라는 고정된 실체가 존재한다고 굳게 믿는 집착이 근본이 된다. 사실 '내'가 있기 때문에, '고통'도 있다. '내'가 없다면 누가 고통을 느낄 것인가?

 하지만 '내'가 있다고 하는 생각은 말 그대로 '생각'에 불과하다. '내'가 존재한다고 하는 고정관념에 의해서 실제로 나라는 실체가 존재한다고 여기는 것이다. 고정불변의 '나'는 없다. 다만 몸과 마음이 합성되어 이루어진 가변적 존재로서의 변화하는 '나'가 있을 뿐이다. 몸과 마음은 끊임없이 변화한다. 이른바 찰나 생멸하는 것이다. 찰나 생멸하는 몸과 마음의 덩어리 가운데 어느 것을 진정한 '나'라 할 수 있을 것인가?

 이 세계도 마찬가지이다. 세계는 끊임없이 성(成)주(住)괴(壞)공(空)한다. 세계는 한 모양으로 고정되어있는 것이 아니라, 이 순간에도 끊임없이 확장하고

:: 소녀 엘리는 밤마다 모르는
   상대와 교신하기 위해 단파
   방송에 귀를 기울인다.

:: 웜홀을 통과한 엘리 애로웨이 박사는 베가성에서 아버지의 형상을 한 우주인을 만난다.

있으며, 또 이루어졌다 소멸하기를 반복하고 있는 것이다. 어느 순간의 세계를 붙잡아 고정된 한 덩어리로서의 '세계'라고 부를 것인가?

그렇다고 불교에서 우주의 모습에 대해 전혀 침묵하고 있는 것은 아니다.

우리들이 사는 세계, 예컨대 은하계를 하나의 소세계(小世界)라 하자. 이 한 세계를 천 개를 모은 것을 소천세계(小千世界)라 한다. 이 소천세계를 천 개 모은 것을 중천세계(中千世界), 중천세계를 다시 천 개 합한 것을 대천세계(大千世界)라 한다. 이 대천세계는 천 개를 3회 합한 것이며, 소·중·대의 3종의 천세계가 되므로 삼천세계, 또는 삼천대천세계라 한다. 이러한 삼천대천세계가 또 갠지스강의 모래수보다 많다고 한다.

이러한 세계는 간략히 말하자면 열 가지 인연으로 이루어졌다고 한다. 이른바 여래의 위신력인 연고며, 법이 응당 이러한 연고며, 일체 중생들의 행과 업인 연고며, 일체 보살이 일체 지혜를 이루어서 얻는 연고며, 일체 중생과 모든 보살이 선근을 함께 모은 연고며, 일체 보살이 국토를 장엄해 깨끗이 하려는 원력인 연고며, 일체 보살이 물러나지 않는 행원(行願)을 성취한 연고며, 일체 보살의 청정하고 훌륭한 지혜가 자재한 연고며, 모든 여래의 선근과 성도하실 때의 자재한 세력인 연고며, 보현보살의 자재한 서원의 힘인 연고이다.

이렇게 만들어진 광대한 우주에 우리가 알지 못하는 또 다른 생명체가 존재하지 않는다면, 엄청난 공간의 낭비가 아닐까?

찰 진 심 념 가 수 지
刹塵心念可數知하고 　　국토의 온갖 티끌도 마음으로 생각해 가히 세어 알 수
　　　　　　　　　　　　　　　있고

대 해 중 수 가 음 진
大海中水可飮盡하며 　　큰 바다 가운데의 물도 가히 마셔 다 없앨 수 있으며

허 공 가 량 풍 가 계
虛空可量風可繫하야도 　허공도 가히 잴 수 있고 바람도 가히 묶을 수 있다 하
　　　　　　　　　　　　　　　여도

무 능 진 설 불 공 덕
無能盡説佛功德이니라 　능히 다 설할 수가 없네, 부처님의 공덕은.

『석문의범(釋門儀範)』

풀이

1. '刹'은 국토를 의미하니, 刹塵이라 하면 국토의 온갖 티끌을 말한다.

2. '數'는 형용사로서 '세다'는 뜻이다.

3. '量'은 '잰다'는 뜻이다.

4. '能'은 '능히 ~할 수 있는'의 의미이다.

5. 일체 중생이 부처님의 공덕으로 태어나 살다가 간다.

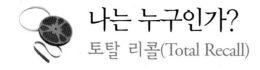

나는 누구인가?
토탈 리콜(Total Recall)

"무얼 원하십니까, 퀘이드 씨?"
"당신과 마찬가지로, 기억하기를 원하오."
"왜죠?"
"나 자신을 찾고 싶소."
"당신의 행위가 당신입니다. 인간은 기억에 의해서가 아니라, 행위에 의해서 정체성이 결정되지요."

퀘이드는 기억을 주입해주는 여행사 토탈 리콜사를 찾아가 여행을 떠나고자 한다. 이른바 '최신식 자아여행'으로서 일시적으로 다른 사람이 되어 원하는 곳에 원하는 이와 함께 여행하는 것이다. 하지만 그는 발작을 일으키고, 누군가 자신의 진짜 기억을 지우고 다른 사람의 것을 입력시켰음을 알게 된다. 지금까지 남의 인생을 살고 있었던 것이다. 꿈속에서와 같이.

이로부터 퀘이드는 정체불명의 일당들에게 쫓기는 신세가 되고, 마침내 자신이 누구인가를 밝히고자 애쓰게 된다. 이 과정에서 그는 화성을 지배하는 코하겐 일당과 빈민 조직 간의 내전에 휩싸인다. 알고 보니 과거에 자신은 화성의 정보기관에서 코하겐의 하수인 노릇을 하고 있었다. 한 여자를 만나 자신이 악의 편에 가담한 사실을 깨닫게 되고, 마음을 고쳐먹어 코하겐을 처치하고자 했던 것이다.

:: 자아여행을 떠나는 퀘이드

　빈민조직의 대장 쿠아토를 만나 인간은 기억에 의해서가 아니라 행위에
의해서 정체성이 결정된다는 말을 듣고, 퀘이드는 코하겐 일당과 격전 끝에 발
전기를 가동시켜 산소를 방출시킨다. 화성에 아름답고 푸른 하늘이 펼쳐지게 된
것이다.

　'나는 누구인가?'를 밝히고자 사력을 다하던 퀘이드에게 주어진 답은 바
로 이 말이었다.
　"사람은 기억에 의해서가 아니라, 행위에 의해서 정체성이 결정된다."
　아직도 사성계급의 폐해가 남아있는 인도 땅에서 지금으로부터 2500여 년
전에 붓다는 설했다.
　"사람은 출생에 의해서 귀천이 결정되는 것이 아니다. 행위에 의해서 귀천
이 결정된다."
　인간의 고귀함과 천박함을 결정짓는 것은 출생신분이 아니라, 그 사람의
행위 그 자체에 있다는 사실이다. 고귀한 사람이 따로 있어서 고귀한 행위를 하
는 것이 아니라, 고귀한 행위를 하는 이가 고귀한 사람이라고 하는 것이다. 천박
한 자가 미리 결정되어 있는 것이 아니고, 천박한 행을 하는 자가 천박한 자이
다. 그것은 왜냐하면, 종성(種姓)이 미리 결정되어 있지 않기 때문이다.

'나'라고 하는 것도 마찬가지가 아닐까? 찰나 생멸하고 있는 이 몸과 마음을 떠나서 그 어디에도 '고정불변의 나'는 없다. '결정되어 있는 나'가 없기 때문에 '나의 행위'에 따라서 '내'가 규정되어지는 것이다. 고정불변의 '나'가 이미 결정되어 있다면, 나의 행위나 노력이 무슨 소용이 있겠는가?

나의 행위가 '나'이다. 보살행을 하다 보면 보살이 된다. 인간에 합당한 행을 하다 보면 인간이 된다. 짐승 같은 짓을 하다 보면 짐승이 되는 것이다. 금생에서건 내생에서건.

그러므로 나는 내가 창조한다. 지금 이 모습도 나의 작품일 뿐!

주인된 삶을 사는 이는 결코 남을 원망하거나, 주위 조건을 탓하지 않는다. 이러한 상황 자체가 스스로 초래한 것임을 잘 알고 있기 때문이다. 그렇다고 현재에 머무르지도 않는다. 다만 꾸준히 마음에 그리는 바를 이루어나갈 뿐이다. 일체 중생을 나와 한 몸으로 생각하면서 더불어 생동하는 삶을 살아가는 것이다.

이처럼 나는 결정되어 있는 것이 아니다. 가변적인 것이다. 만들어가는 것이다. 따라서 단순히 '내가 누구인가'를 참구하는 데서 한 걸음 더 나아가, 자신이 '만들고 싶은 나'가 무엇인지를 명확히 해야 하지 않을까?

예컨대, 바다 속에 사는 물고기에게 어느 날 홀연히 '내가 바다에서 나와 바다로 돌아간다는데, 도대체 바다란 어떤 것일까?' 하는 의문이 생겼다. 그리고는 '바다를 확실히 알기 전에는 헤엄쳐 다니지 않으리라' 생각한다면 어떨까? 허공을 나는 새가 '내가 허공에서 나와 허공으로 돌아간다는데, 도대체 허공이란 어떤 것일까?' 하는 의문을 일으켰다. 그리고는 '허공을 규명하기 전에는 날아다니지 않으리라.' 생각한다면 어떨까?

:: 퀘이드는 모습을 바꿔 화성으로 잠입한다.

"나는 내가 창조합니다.
지금 이 모습도 나의 작품일 뿐!
부처의 행!
그것은 머무르지 않는 삶이며,
바로 지금 여기에서
더불어 생동하는 삶입니다."

『행불송(行佛頌)』

풀이

1. 행불이란 수행불행(修行佛行)을 말한다. 부처의 행을 닦는다는 의미이다.

2. 행불이론은 다섯가지 단계로 구성되어 있다.
   하나. 그릇 비우기 : 참회를 통한 자기 정화
   둘.   그릇 채우기 : 발원을 통한 자기 전환
   셋.   그릇 키우기 : 기도를 통한 자기 확장
   넷.   그릇 부수기 : 참선을 통한 자기 확인
   다섯. 그릇 만들기 : 행불을 통한 자기 창조

여섯째 이야기

나뭇꾼의 깨달음

혜능(慧能)대사는 당나라 태종 정관 12년(638)에 중국의 남쪽 끄트머리 지방에서 가난한 농부의 아들로 태어났다. 출가하기 전 성은 노(盧)씨였으며, 세 살 때에 아버님을 여의어 소년 시절부터 나무를 해다 팔아서 홀어머니를 봉양하였다. 그는 교육은 거의 받지 못하였으나 마음 씀씀이가 남다르고 효성이 지극하였다.

그가 어느 날 시장에 나무를 팔러 갔는데, 한 가게에 나무를 주고 돈을 받아 나오는 길에 탁발하는 스님의 경전 외는 소리를 들었다.

마땅히 머무는 바 없이 그 마음을 낼지니라.
應無所住 而生其心

이 구절에 이르러 홀연히 마음을 깨우친 그는 스님에게 물었다.
"스님께서 외는 경이 무슨 경이옵니까?"
"금강경이오."
"그 경을 어디에서 얻으셨습니까?"
"나는 이 경을 황매현 동선사(東禪寺)에서 구하였소. 그 절에는 오조(五祖) 홍인(弘忍)대사가 교화하고 계신데, 제자가 천여 명에 이른다오. 이 금강경을 잘 읽고 실천하면 견성성불(見性成佛)하게 된다고 하여, 나도 열심히 독송하고 있는 중이오."

이 말을 들은 혜능은 곧 구도심이 일어나, 어머님의 허락을 얻고 출가하였다. 집을 떠나 황매산의 홍인대사를 찾아뵙고 예배드리자, 대사가 물었다.

:: 혜능은 홍인대사를 찾아가 부처되기를 구하였
으나, 홍인대사는 그의 비범함을 알고 그를 보
호하기 위해 방아찧기, 장작패기 등 허드렛일
을 시켰다.

"너는 어디에서 왔으며, 무엇을 구하고자
하느냐?"

"저는 영남 신주에 사는 백성으로, 멀리까
지 와 스님을 뵙고자 함은 오직 부처가 되기만
을 구해서입니다."

"너는 영남사람으로 오랑캐가 아니냐? 어
떻게 네가 부처가 될 수 있단 말이냐?"

"사람에는 비록 남북이 있사오나, 불성에
는 본래 남북이 없습니다. 오랑캐인 저의 몸이
비록 스님의 몸과 같지는 않사오나, 불성에 무
슨 차별이 있겠습니까?"

"오랑캐인 주제에 제법 똑똑한 체하는구
나. 후원에 가서 일이나 하여라."

"제가 생각하기에는 제 마음 스스로 항상
지혜를 내어 본성품을 떠나지 않는 것, 바로 그
것이 복 짓는 일이라 생각하는데 다시 무슨 일을 하라 하십니까?"

"허허, 아는 소리 말고 방앗간에 가서 방아나 찧도록 하여라."

그 뒤 혜능은 후원에서 장작을 패고 방아를 찧었다. 힘이 부족함에도 불구하고 그는
돌을 짊어지고 여덟 달이 지나도록 열심히 일하였다. 그러던 어느 날 홍인대사가 방앗간
에 들러 혜능에게 말하였다.

"내 너의 견해가 쓸 만하다고 생각하나, 악한 사람들이 너를 해칠까 염려하여 너와
더불어 이야기를 하지 않음을 알고 있느냐?"

"예, 제자도 스님의 뜻을 짐작하고 있습니다."

이 일이 있은 뒤에 홍인대사는 제자들을 모두 모아 놓고 말하였다.

"죽고 삶이 가장 큰 일인데 겨우 복이나 닦고 있어서야 되겠는가? 너희들은 이제 스
스로의 지혜를 살펴 자기 본심인 반야(般若)의 성품을 가지고 각자 게송을 하나씩 지어오너
라. 만일 큰 뜻을 깨우친 사람이 있으면, 발우와 가사를 전하여 제6대 조사로 삼으리라."

그때에 사람들은 누구나 신수가 오조 홍인대사의 법을 이어받아 육조가 되리라 생각

하고 있었다. 신수는 고심 끝에 게송을 지어 대중이 지나다니는 길목에 이름도 밝히지 않고 붙여 놓았다.

> 몸은 깨달음의 나무　　身是菩提樹
> 마음은 밝은 거울　　　心如明鏡臺
> 언제나 털고 닦아　　　時時勤拂拭
> 먼지 묻지 않도록 하리.　勿使惹塵埃

홍인대사는 이 게송을 보고 '이 게송에 의지하여 도를 닦으면 악도에 떨어지지 않을 것이며 큰 이익이 있으리라'고 제자들에게 말하고는 조용히 신수를 불렀다.

"이 게송을 보니 너는 아직 본성을 알지 못하였구나. 다만 문밖에 이르렀을 따름이요, 아직 문안에는 들지 못하였다. 그러한 견해로는 무상대도를 구한다 하여도 얻지 못할 것이니, 더욱 수행에 힘써라."

그렇지만 모든 대중은 신수대사의 게송을 자랑스럽게 외고 다녔다. 한 사미승이 외는 소리를 우연히 들은 혜능은 사미승에게 게송이 적혀있는 곳으로 데려다 줄 것을 청하였다. 게송 앞에 선 혜능은 정중하게 절하고 말하였다.

"내가 배운 것이 없어 글자를 모르니 누가 좀 읽어 주시오."

그 청을 들은 옆 사람이 소리 내어 읽어 주자, 다 듣고 난 혜능이 말하였다.

"저도 또한 한 게송을 짓겠으니 받아 적어 주십시오."

혜능의 이 말에 그곳에 모인 대중들이 우습게 생각하고 쑥덕거리자 혜능이 다시 말하였다.

"도를 구하는 사람은 초학자를 가벼이 여기지 마십시오. 초학자에게도 높은 지혜가 있을 수 있고 지혜 있는 사람도 어리석음을 범할 수 있는 법이니, 행자라 하여 가벼이 본다면 한량없는 죄가 될 것입니다."

혜능의 거침없는 이 말을 듣고 대중들은 움찔하였다. 그러자 그들 가운데 한 스님이 말하였다.

"당신의 말이 옳소. 내가 받아 적을 터이니 게송을 읊으시오."

혜능은 게송을 불렀다.

깨달음에는 본래 나무가 없고	菩提本無樹
밝은 거울 또한 틀에 얽매이지 않는 것	明鏡亦非臺
본래에 한 물건도 없거늘	本來無一物
어느 곳에 먼지가 일어나리요?	何處惹塵埃

이 게송을 들은 대중들은 모두 놀라며 감탄하였다.

"사람은 겉모양만 보아서는 알 수 없는 일이다. 어찌 우리가 도인을 몰라보고 일만 부렸던가?"

이때에 홍인대사가 다가와 혜능의 게송을 훑어보고는 신발로 문질러 지워버리고는 말하였다.

"아직 견성하지 못한 글이다. 가서 일들이나 하거라."

그와 같은 일이 있고 난 다음날이었다. 홍인대사가 몸소 방앗간으로 와서 말하였다.

"쌀은 다 찧었느냐?"

"이미 찧은 지는 오래 되었으나 아직 키질을 못하였습니다."

이 말을 들은 홍인대사는 지팡이로 방아를 세 번 치고 말없이 나가셨다. 혜능이 그 뜻을 알고 삼경에 오조 스님을 찾아뵙고 예배하니, 홍인대사는 둘레를 병풍으로 가리고 금강경을 설법하였다. '응당 머무는 바 없이 그 마음을 낼지니라'하는 구절에 이르자 혜능은 크게 깨닫고 말씀드렸다.

"어찌 제 성품이 본래 나고 죽지 않음을 알았겠습니까?

어찌 제 성품이 본래 흔들림 없음을 알았겠습니까?

어찌 제 성품이 본래 가득 차 있음을 알 수 있었겠습니까?

어찌 성품이 만법(萬法)을 냄을 알았겠습니까?"

"본 성품을 알지 못하면 법을 배워도 유익함이 없고, 제 성품을 알면 곧 이것이 대장 부요, 천상과 인간의 스승이며 부처인 것이니라."

이 말씀과 함께 홍인대사는 부처님으로부터 내려 온 가사와 발우를 전하였다.

"이제 너는 육조가 되었다. 법을 잘 받들고 널리 중생을 제도하여라. 달마대사께서 처음 이 땅에 오셨을 때, 사람들이 믿음이 없었으므로 가사와 발우를 전하여 믿음의 표시

로 삼았느니라. 그러나 이제 사람들이 믿음에는 관심
이 없고 가사와 발우만을 탐하니, 이후로는 전하지 말
도록 하여라. 나쁜 무리들이 너를 해칠지도 모른다."

깊은 밤에 홍인대사로부터 법을 전해 받은 육조
혜능은 밤을 도와 강가에 이르러 남쪽으로 가는 배를
탔다. 홍인대사가 배웅 나와 손수 노를 저어 강을 건
네주려고 하자, 혜능이 말하였다.

"스님, 노는 제가 젓겠습니다. 스님께서는 앉아
계십시오."

"아니다. 내가 너를 건네주리라."

"아닙니다. 제가 아는 바가 없을 때에는 스님께서
건네주셔야 하지만, 알고 난 지금은 제 힘으로 건너는

:: 쌍계사 금당에 모셔진 육조 선사의 진영

것이 옳습니다. '건너다'라는 말은 하나이나 그 쓰임은 다른가 합니다."

"참으로 그렇다. 앞으로 불법이 너로 말미암아 크게 일어나리라. 나는 삼 년이 지나
면 이 세상을 떠날 것이다. 너는 되도록 남방으로 가거라. 그리고 때가 되기 전에는 절대
로 말하지 말라. 불법을 일으키는 일이 쉽지 않으리라."

혜능은 홍인대사에게 하직인사를 올리고 계속 남쪽으로 향하여 갔다.

법을 전한 홍인대사는 며칠이 지나도록 설법을 하지 않았다. 이를 궁금하게 여긴 대
중들이 물었다.

"어디 편찮으신 데라도 있으신지요?"

"아니다. 다만 의발이 남쪽으로 갔을 뿐이다."

이 말을 들은 대중들은 그 뜻을 알아차리고, 혜능에게 전해진 가사와 발우를 빼앗으
려고 수백 명이 쫓아갔다. 특히 이들 가운데 출가하기 전에 장군의 지위에 있었던 혜명이
란 스님이 남보다 더 빠르게 혜능을 쫓아갔다. 바로 뒤까지 쫓아온 혜명을 본 혜능은 가사
와 발우를 큰 바위 위에 올려놓고 말하였다.

"가사와 발우는 믿음을 표시한 것인데, 어찌 힘으로 다투려 하느냐?"

이렇게 말한 혜능은 숲으로 몸을 숨겼다. 혜명이 달려들어 가사와 발우를 가져가려

:: 혜명은 혜능을 쫓아가 가사와 발우를 가져 가려 하였으나 바위 위에 있던 가사와 발우는 움직이지 않았다.

고 하였으나, 가사와 발우는 그 자리에서 꼼짝도 하지 않았다. 혜명은 문득 두려운 생각이 들어 혜능이 숨은 숲을 향하여 소리쳤다.

"행자여, 나는 법을 듣기 위하여 온 것이지 가사와 발우를 얻기 위하여 온 것이 아닙니다."

혜능이 숲에서 나오자, 혜명은 예배하며 설법하여 주기를 청하였다.

"그대가 이미 법을 위하여 왔다면, 모든 번뇌와 망상을 다 버리고 한 생각도 일으키지 말라. 내 그대를 위하여 설하리라. 착함도 생각하지 않고 악함도 생각하지 않는 바로 이러한 때, 어떤 것이 그대의 참된 면목인고?"

혜명은 이 말을 듣고 크게 깨달아 환희에 넘쳐 말하였다.

"제가 그동안 오조 문하에 있었으나 실로 제 본래 성품을 알지 못하였습니다. 이제 가르침을 받으니 사람이 물을 마실 때에 차고 더운 것을 스스로 느껴 아는 것과 같나이다. 행자께서는 이제 저의 스승이십니다."

그 뒤 혜능은 조계산 보림사(寶林寺)를 개원하고, 온 중국에 선풍(禪風)을 크게 드날렸다. 그리하여 중국의 선종은 육조 혜능 대사에 이르러 크게 꽃피게 되었다.

출처 : 『육조단경(六祖壇經)』

PART VII

마음의 안테나를 세워라 ───

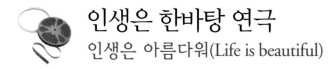

인생은 한바탕 연극
인생은 아름다워(Life is beautiful)

"무슨 게임이야?"

"맞았어. 이건 게임인데, 무슨 게임이냐면…… 우린 전부 선수야. 질서정연 하잖아. 남자는 이곳에 여자는 저곳에, 밖에 있는 군인은 일과를 가르쳐주지. 힘들 거야. 절대 쉽지 않아. 실수하면 그 자리에서 집에 보내 버려. 그러니까 아주 조심해야해. 하지만 이기면 일등상을 탈 수 있어."

"상품이 뭔데?"

"일등상은…… 탱크란다."

"탱크는 갖고 있어."

"이건 진짜 탱크야. 완전 새 거지."

"정말?"

"그래, 일부러 말 안 한거야."

1939년, 이태리. 귀도는 유태인으로서 비록 식당 웨이터의 신분이지만 낙천주의자다. 사랑하는 여인 도라를 발견하고, 어려운 상황 아래서도 특유의 낙천적 방식으로 접근하여 결국 결혼을 성사시킨다.

어느 날, 귀도 가족은 유태인 집단수용소로 끌려간다. 사랑하는 아들 조수아에게 이 절망적 상황을 결코 알리고 싶지 않았던 귀도는 이게 모두 게임이라고 설명한다. 1000점을 먼저 따는 사람이 일등상으로 진짜 탱크를 탈 수 있는

이건 게임인데

:: 귀도는 아들 조수아에게 유태인이 학살되는 절망적 상황을 숨기고자 전쟁 상황을
게임으로 설명한다.

게임이라고.

조수아는 아빠의 말을 믿고 진짜 탱크를 탈 수 있다는 희망 속에서 아빠가 시키는 대로 행동한다. 심지어 귀도는 형장으로 끌려가는 급박한 와중에도 숨어있는 아들을 향해 윙크하고 특유의 우스꽝스런 걸음걸이를 보여주며 희망을 잃지 않도록 한다.

끝까지 게임인 줄만 알고 숨어있던 조수아는 다음날 진주한 미군탱크를 타고 엄마를 만나 기쁨에 가득 차 외친다.

"우리가 이겼어요. 우리가 이겼다고요."

인생은 희극인가, 비극인가? 희비극은 다만 연출자의 손에 달려있을 뿐이다. 또한 희극 속에서도 비극을 찾아낼 수 있고, 비극 속에서도 희극을 느낄 수가 있다.

이 영화는 첫 장면에서부터 이러한 점을 부각시키고 있다. 자동차 브레이크가 고장이 나서 비키라고 연신 손을 흔드는 주인공에게 함께 손을 흔들며 환호하는 군중들. 웃어야 할지 울어야 할지 모르는 기발한 상황의 연속.

어떤 가게 입구에 '유태인과 개 출입금지'라고 써 붙인 팻말을 보고 의아해 묻는 아들에게, 그것은 다만 주인 맘이라고 설명하면서 귀도는 말한다.

"그러면, 우리도 써 붙이자. 넌 무얼 싫어하니?"

"거미요. 아빠는?" "아빠는 고트족이 싫더라. 내일부턴 써 붙이는 거야. '거미와 고트족 출입금지'라고."

인생은 어차피 한바탕 연극이 아닐까? 자기에게 주어진 역할을 멋들어지게 해 마치고 가면 그뿐이다. 다만 유념해야 할 것은, 절망적 분위기 속에서도 얼마든지 희망을 만들어낼 수 있으며, 희망적 상황에서도 절망의 늪에 잠길 수 있다는 사실이다. 고통과 기쁨은 단순히 외부에서 주어지는 것이 아니라, 자신이 수용하는 만큼 느껴지기 때문이다.

'인연(因緣)'이란 인(因)과 연(緣)의 합성이다. '인'은 주관적 요인이며, '연'은 객관적 요인이다. 즉, 외부에서 주어지는 스트레스는 객관적 요인인 '연'이다. 그 스트레스를 받아들이거나 웃어넘기거나 하는 내 마음은 주관적 요인인 '인'에 해당한다.

예컨대 객관적 요인인 '연'으로서 100만큼의 스트레스를 준다고 하자. 주관적 요인인 '인'은 사람에 따라 다르다. 사람에 따라서 '인'을 1을 곱하거나 혹은 2, 3을 곱해서 받아들이게 된다. 그래서 각각 100, 200 혹은 300만큼의 고통을 느끼게 되는 것이다.

마음을 비운다는 것은 결국 모든 스트레스에 영(0)을 곱할 수 있게 되는 것이다. 아무리 큰 수를 곱해도 0이 되기 때문이다. 어떻게 하면 0을 곱할 수 있을까?

:: 가게 앞에 내걸린 '유태인과 개 출입금지'라는 문구를 읽고 있는 조수아.

시 방 동 취 회
十方同聚會하야   시방에서 함께 모여들어

개 개 학 무 위
箇箇學無爲하니   낱낱이 무위법을 배우나니,

차 시 선 불 장
此是選佛場이라   이곳은 부처를 뽑는 장소라,

심 공 급 제 귀
心空及第歸하리라   마음이 공하여야 급제해 돌아가리라.

『선요(禪要)』

풀이

1. ‘十方’은 열 가지 방향인 동, 서, 남, 북, 동남, 서남, 서북, 동북, 상, 하를 이른다.

2. ‘無爲’란 열반의 다른 이름으로 자연에 조작을 가하지 않은 것이므로 무위라 이름 한다. 무위의 반대는 유위로서 세간에서의 공부, 즉 쌓아가는 공부를 말하며, 무위 는 놓아가는 혹은 쉬어가는 공부를 말한다.

3. 선불장이란 부처를 뽑는 장소를 말한다. 어떤 선비가 과거시험 보러 가는 길에 한 스님을 만났다.
   “어디를 가는가요?”
   “과거시험 보러 갑니다.”
   “과거시험 보아 합격하면 무엇이 됩니까?”
   “국가의 관리가 됩니다.”
   “관리가 되는 것도 좋지만, 부처가 됨만 하겠습니까?”
   “그런 곳도 있습니까?”
   “그렇소. 선불장이요.”
   이 말을 들은 선비는 바로 출가해서 수행자가 되었다 한다.

4. 『선요』는 중국 남송 말기의 고봉원묘선사의 어록이며, 선의 요지를 잘 나타내고 있다.

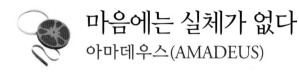

마음에는 실체가 없다
아마데우스(AMADEUS)

"이 곡 알아요?"

"죄송합니다. 무슨 곡이죠?"

"그 당시는 이 곡이 아주 유행이었소."

"그럼 이건? 아주 각광을 받았는데…. 어떻소?"

"귀에 익은 곡이 아닌 것 같습니다."

"내 작품 중 기억나는 것은 없소? 유럽에선 최고의 작곡가였는데… 오페라만 40여 개를 썼소. 그럼 이건 어떻소?"

"아, 그건 알고 있습니다. 아주 매혹적인 곡이죠. 그걸 작곡하신 줄 몰랐습니다."

"내가 아니오. 모차르트의 작품이요. 볼프강 아마데우스 모차르트…"

오스트리아 비엔나의 궁정악장인 살리에리의 인생은 모차르트를 만나면서 급변한다. 황제의 총애를 받으며 최고의 음악인생을 구가하던 그가 음악의 천재인 모차르트에게 질투를 느끼게 된 것이다. 사랑했던 여인마저 모차르트에게 마음을 빼앗긴 것을 알게 되면서 그 질투는 저주로 바뀌게 된다.

신은 어째서 오만하고 음탕한 모차르트에게는 천재적 재능을 부여하고, 자신에게는 그 재능을 인정할 수 있는 능력밖에 주지 않으셨는지…. 살리에리의 증오심은 모차르트에 대한 음해로 이어지고, 모차르트의 오페라인 〈피가로의

:: 노년의 살리에리가 지난날의 모차르트를 회상하고 있다.

결혼〉은 단 9회, 〈돈 조반니〉는 5회 공연을 넘기지 못하도록 술수를 쓴다. 또한 모차르트의 경제적 궁핍을 이용하여 죽은 사람을 위한 미사곡, 즉 진혼곡을 쓰도록 만든다.

　마침내 술과 약에 찌든 모차르트는 쓰러져버리지만, 살리에리는 다시금 밤새워 진혼곡을 쓰도록 만들어 기진맥진해 죽도록 유도한다.

　마침내 모차르트는 죽었다. 하지만 시간이 지날수록 살리에리의 음악은 잊혀져가고, 모차르트의 음악은 각광을 받게 되었다. 살리에리는 다만 보통사람들 가운데 최고였던 것이다.

　지음(知音)이라는 말이 있다. 중국 춘추전국시대에 거문고의 명수인 백아(伯牙)의 연주를 제대로 알아들은 사람은 오직 그 친구 종자기(鍾子期)뿐이었다. 종자기가 먼저 죽자, 백아는 자신의 음악을 알아줄 이 없음을 한탄하며 거문고 줄을 끊었다고 한다.

　어찌 보면 살리에리는 모차르트의 지음이 아니었을까? 당시의 황제나 어떠한 귀족보다도 모차르트의 음악을 가장 잘 이해하고 있었다고 말할 수 있다. 하지만 그의 이해는 숭배가 아닌 질시로 표현되었다. 모차르트의 음악적 천재성은 도저히 자신의 노력으로 따라잡을 수 있는 것이 아니었기 때문이다.

　선(禪)에도 이와 유사한 예가 있다. 신수 스님은 오조 홍인 문하에서 가장 각광받는 수제자였다. 그는 다음과 같은 게송으로 자신의 경지를 표출하였다.

'몸은 깨달음의 나무요, 마음은 밝은 거울의 받침대.
때때로 부지런히 털고 닦아 티끌 묻지 않게 하라.'

이러한 내용에 대해, 이제 갓 출가해 행자의 신분으로 있던 혜능은 다음과 같은 게송으로 지적하고 있다.

'깨달음은 본래 나무가 없고, 밝은 거울도 받침대 없네.
불성은 항상 청정하거니 어느 곳에 티끌이 끼겠는가?'

몸과 마음을 부지런히 닦아야 한다는 신수의 주장과 달리, 혜능은 몸과 마음은 실체가 없음을 지적하고 있다. 실체가 없는 것을 부여잡고 닦는다 한들 언제 그 끝이 보이겠는가?

결국 중요한 것은 불성을 보는 것이다. 불성은 항상 청정하여 티끌이 낄 수 없는 것이다. 닦는 것이 아니라, 보아야 하기 때문에 견성(見性)이라 한다.

이러한 견성은 자신의 노력만으로 되는 것이 아니다. 선지식의 지도로 이루어진다. 우리 모두에게 숨겨진 본성을 계발해 내는 것은 단순한 노력이 아니라, 선지식의 일깨움이 필요하다는 것이다.

그렇다면, 선지식은 어디에 있는 걸까?

:: 살리에리는 가면을 쓰고 모차르트를 찾아가 진혼곡을 의뢰한다.

우 인 수 복 불 수 도
愚人修福不修道하며   어리석은 이는 복을 닦고 도를 닦지 않으며

위 언 수 복 이 시 도
謂言修福而是道로다   이르되 복을 닦음이 바로 도라고 말한다.

보 시 공 양 복 무 변
布施供養福無邊하나   보시 공양은 복이 끝이 없으나

심 중 삼 업 원 래 재
心中三業元來在로다   마음속의 삼업은 원래대로 남아 있구나.

『육조단경(六祖壇經)』

풀이

1. '布施'는 불도 수행법인 육바라밀 중의 하나로서, 일체중생에게 널리 베푸는 것을 말한다.

2. '三業'은 생사윤회의 근본이 되는 탐내고(貪), 화내고(瞋), 어리석은 것(癡)이다.

3. 복업은 삼생(三生)의 원수라는 말이 있다. 복을 쌓느라고 한평생, 누리느라고 한평생, 까먹느라고 한평생 세월을 보내는 것이다. 남을 돕는 것은 훌륭한 일이지만, '나'라든가 '남'이라든가 '준다'든가 '받는다'는 생각 없이 해야 할 일이다.

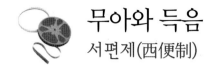

무아와 득음
서편제(西便制)

"이제부터는 니 속에 응어리진 한(恨)에 파묻히지 말고, 그 한을 넘어서는 소리를 혀라.

동편제는 무겁고 맺음새가 분명하다면, 서편제는 애절하구 정한이 많다구들 하지. 허지만 한을 넘어서게 되면은 동편제두 서편제두 없구, 득음(得音)의 경지만 있을 뿐이다."

유봉은 일찍이 송화와 동호에게 판소리를 가르친다. 이곳저곳 객주집이나 장터를 떠돌면서 소리로 먹고살지만, 형편이 여의치 않다. 새로운 문명과 함께 들어온 음악에 옛 소리들이 밀려나기 때문이다.

젊기만 한 동호는 소리로 먹고 살기 힘든 세상을 한탄하지만, 소리에 미쳐 살아온 유봉은 아랑곳하지 않고 판소리가 판을 치는 세상이 오기를 기다린다.

마침내 동호는 떠나가고, 송화마저 소리를 멈추게 된다. 유봉은 송화에게 한을 묻어주기 위해서 눈을 멀게 한다. 좋은 소리를 하려면 소리하는 사람의 가슴에서 한이 묻어 나와야 하기 때문이다.

이제 제법 한을 소리에 실을 수 있게 되자, 유봉은 말한다. 한을 넘어서서 득음의 경지에 가야 한다고.

유봉은 말한다.

"사람의 한이라는 것은 한평생 살아가면서 이 가슴속에 첩첩이 쌓여서 응어리지는 것이다. 살아가는 일이 한을 쌓는 일이고, 한을 쌓는 일이 살아가는 일이 된단 말이여."

한이란 것은 도저히 이해할 수 없는 슬픔, 억울함, 이런 것들이 모여서 생긴다. 가슴속에 첩첩이 쌓여서 응어리지면 병이 된다. 그러므로 살아가는 일이 한을 쌓는 일이고, 한을 쌓는 일이 살아가는 일이 되어서는 곤란하다.

한은 그때그때 풀면서 살아가야 한다. 안 그러면 금생이든 내생이든 한풀이인생밖에는 안 되기 때문이다. 그렇다면 한을 푸는 방법은 어떤 것이 있을까?

소리꾼은 소리로 풀 수 있을 것이다. 가슴속의 한을 한껏 담아내어 소리로 표출하는 것이다. 이러한 소리를 들으면서 공감하는 청중도 역시 부분적이나마 한풀이를 경험할 수 있을 것이다.

이와 마찬가지로, 부처님에게 고해바치는 방법도 있다. 염불이나 독경 등을 하면서 모든 원한을 부처님께 맡겨버리는 것이다. 생각나는 대로 부처님께 말씀드리고 맡긴다. 더 이상 생각이 안 날 때까지 말이다.

궁극적으로는 무아법에 통달해야 한다. '내'가 있으니, '한'이 있는 것이다. 득음의 경지도 무아의 경지와 통한다. 그럼 '나'는 과연 있는 것일까?

'나'는 몸과 마음으로 이루어져있다. 마음은 좀더 세분화할 수 있다. 예컨

:: 소리꾼 유봉은 양딸 송화에게는 소리를, 양아들 동호에게는 북을 가르쳐 자신의 소리를 이으려 한다.

:: 눈먼 송화가 소리 연습을
하고 있다.

대 여기에 꽃 한 송이가 있다고 하자. 이 꽃을 보고 맨 먼저 감수작용이 일어난
다. 꽃의 모습이나 향기를 일차적으로 느끼고 받아들이는 것이다. 다음에는 감
수작용에서 한발 더 나아가 판단이 생긴다. '이쁘다'든가 '향기롭다'는 등의
판단작용. 그리고 나서는 의지가 작용한다. '꺾어 가져가야'하는 생각. 마지
막으로는 이러한 몸과 마음의 작용을 전체적으로 저장하고 기억하게 된다. '꺾
어와 보니 좋구만!' 하는 식으로.

이렇게 네 가지 마음의 작용과 몸뚱이로 이루어져 있는 것이 '나'이다. 이
러한 다섯 가지 요소를 떠나서 그 어디에도 별도의 '나'는 없다. 다섯 가지 요
소를 모아놓은 것이 '나'이다. 마치 몸체와 바퀴, 그리고 끌대를 합쳐서 '수레'
라고 부르는 것처럼 그저 이름이 '나'인 것이다.

그런데, 이 다섯 요소는 고정불변한 것이 아니다. 시시때때로 바뀔 수 있
는 것이다. 따라서 이 다섯 가지 요소의 쌓임에 불과한 '나'도 고정불변한 것이
아니다. 시시때때로 바뀔 수 있다.

그러므로 바로 지금 여기에서의 '다섯 요소'를 떠나서 따로 고정불변한
존재로서의 '나'는 없다. 시시각각으로 변화하는 '나'는 지금 다섯 요소의 쌓임
으로서 존재한다. 하지만 끊임없이 바뀌어 언젠가는 무(無)로 돌아간다. 무로 돌
아간다 해도 영원한 무가 아니고, 다시 유(有)로 돌아오게 된다. 한마디로, 있다
가도 사라지고, 사라졌다가도 나타나게 되는 것이 존재의 실상이다. 이것을 공
(空)이라 한다. 이 공한 자리에 한(恨)이 붙어있을 여지가 있을까?

관 자 재 보 살
觀自在菩薩이   관자재보살이

행 심 반 야 바 라 밀 다 시
行深般若波羅蜜多時에   깊은 반야라바밀다를 행할 때

조 견 오 온 개 공
照見五蘊皆空하야   오온이 모두 공함을 비추어보아

도 일 체 고 액
度一切苦厄하니라   일체의 괴로움을 제도하니라.

『마하반야바라밀다심경』

풀이

1. '觀自在菩薩'은 자비를 관장하시는 '대자대비 구고구난 관세음보살' 님의 다른 명칭
   이다.

2. '般若婆羅密多'는 크다는 뜻의 '마하(摩訶)'를 붙여서 '대지혜로 저언덕으로 건너
   간다'라는 뜻이다.

3. 두려움의 근저에는 애착이 깔려 있다. 생명·재물·명예 등에 대한 애착이 걸림이
   되어 두려움과 공포를 느끼는 것이다. 애착이 사라지면 두려움도 사라진다. 애착을
   줄이는 방법은 소유자가 아니라 관리자의 시각으로 세상을 살아가는 것이다. 내 몸,
   내 마음, 내 돈이라는 말 대신 '내가 관리하는 몸' '내가 관리하는 마음' '내가 관
   리하는 돈'이라 말하면 어떨까?

4. 『마하반야바라밀다심경』은 간략이 줄여 『반야심경』이라고도 하며 불교의 공사상을
   핵심적으로 드러내고 있다.

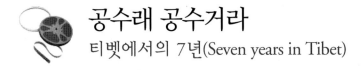

공수래 공수거라
티벳에서의 7년(Seven years in Tibet)

"영화 좋아해요?"

"벌써 8년째 보진 못했지만, 아주 좋아한다 말할 수 있죠."

"나도 좋아해요."

"기쁜 일이군요."

"내게 영사기와 필름이 있소. 이곳 포탈라궁에 영화관을 만들었으면 하는데… 좌석이랑 모든 걸 갖추어서."

"좌석은 마련할 수 있겠죠."

"지을 수 있겠소?"

"예?"

"영화관을 지을 수 있겠냐고요? 내 고문들도 승인했소. 보수는 모자라지 않게 주겠소. 대신 날마다 이리 출근해서 나랑 여러 가지 얘기도 나누고…난 당신들 세계를 배우고 싶소. 프랑스 파리는 어디며, 화염병이 무언지, 사형수는… 할 말이 많아요."

1939년 오스트리아. 하인리히 하러는 나치의 이름으로 히말라야 낭가파르밧 등정에 나선다. 등반은 도중에 눈사태로 인해 실패하고, 영국군에게 체포되어 수용소 생활을 하게 된다. 몇 년간의 옥살이 끝에 탈출한 하러는 동료와 함께 티벳으로 들어가게 된다.

:: 달라이라마는 오스트리아인 하인리히 하러에게 영화관을 세워줄 것을 요청한다.

티벳의 라싸에서 달라이라마와 접견한 그는 달라이라마의 요청으로 영화관을 짓고 개인교사 역할을 담당하게 된다. 서양문명에 대한 달라이라마의 궁금증은 무궁무진하다. 이에 대한 답변을 주고받는 과정에서 하러는 티벳의 정신세계를 접하게 된다.

중국은 무력을 앞세워 티벳을 침공하고, 속수무책이던 티벳은 항복을 선언한다. 1959년 달라이라마는 인도로 피신한다.

국가가 침공당하고 목숨이 위태로운 와중에서도 달라이라마는 말한다.

"티벳 속담에 이르길, 해결할 수 있는 문제라면 걱정할 필요가 없고, 해결할 수 없다면 걱정을 말라 했소. 그러니 걱정하지 마시오."

이 말에 따르면, 세상에 걱정할 일이 없다. 해결할 수 있는 문제라면 열심히 풀어서 해결하면 된다. 또한 해결할 수 없는 문제라면, 아무리 걱정해봐야 소용이 없다. 그러니 어쨌든 걱정할 필요가 없는 것이다.

걱정 근심은 사람의 마음을 갉아먹는다. 끊임없이 초조하고 불안하게 만들어서, 마침내는 자신이 본래 가지고 있는 기량마저 발휘하기 어렵도록 만든다. 할 수 있는 일마저 못 하게 만드는 것이다. 그러므로 걱정은 걱정을 낳는다고 말할 수 있다. 결국에는 걱정하지 않아도 될 일까지 걱정하지 않을 수 없도록 만드는 것이다.

걱정의 밑바닥에는 애착이 있다. 궁극적으로 지금 소유하고 있는 나의 몸뚱이, 재물, 명예, 친지 등이 떨어져나갈까 걱정하는 것이다. 그러나 어차피 빈손으로 왔다가 빈손으로 가는 인생이 아니던가? 그나마 지금 가지고 있는 재물이나 명예 등은 다 맨주먹에서 생긴 것이나 마찬가지라고 생각할 수는 없을까? 그래서 밑져야 본전이라고 하는 든든한 배짱을 갖게 된다면 걱정은 자연 물러가게 된다.

이렇게 생각할 수 있다면, 오히려 매사에 감사하는 마음이 깃들게 될 것이다. 그나마 현재 가지고 있는 몸뚱이나 많지 않은 재물, 보잘 것 없는 명예, 초라한 친지들일지언정 고맙고 감사하기만 한 것이다.

특별히 고마운 일이 생겼기 때문에 고마워하는 것은 누구나 할 수 있는 일이다. 하지만 지금 이 상황 그대로 매사를 고맙게 생각함으로써 실제로 고마워할 일이 생겨나도록 하는 것은, 제 마음의 주인 노릇하는 자만이 할 수 있는 일이다.

마음은 수신안테나와 같다. 세상에는 온갖 전파들이 떠다니지만, 수신안테나의 주파수에 맞는 것만 받아들이게 된다. 그러므로 걱정 근심하는 마음은 걱정 근심할 일을 끌어당긴다. 감사의 마음은 감사할 일을 끌어당긴다.

안테나의 주파수를 어디에다 맞추고 살아갈 것인가?

:: 티벳의 정신적 지주 달라이라마가 사는 포탈라궁

심 여 공 화 사
心如工畵師라   마음은 화가와 같아서

능 화 제 세 간
能畵諸世間이니   능히 모든 세상을 그려내나니

오 온 실 종 생
五蘊實從生하야   오온이 실로 마음따라 생기어

무 법 이 부 조
無法而不造로다   만들지 못하는 것이 없다

『화엄경(華嚴經)』

풀이

1. '五蘊'은 집착의 근원이 되는 다섯 가지, 즉 '색(色), 수(受), 상(相), 행(行), 식(識)' 을 말한다.

2. '實'은 보통 '열매, 바탕, 몸' 등의 뜻으로 쓰이나, 여기서는 부사로서 '실상은, 실제로는, 실은'이라는 뜻으로 쓰였다.

3. 마음에 그리는 대로 되어진다. 순수한 일념으로 '안 된다'는 생각이 없다면.

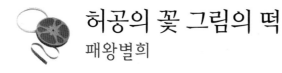

허공의 꽃 그림의 떡
패왕별희

"우리가 어떻게 여기까지 왔는데? 그건 사부님 말씀 때문이었어."

"무슨 말?"

"죽을 때까지 함께 하라는 말! 샬로, 나는 네가....아니, 너 따라서 죽을 때까지 함께 하면 안 될까?"

"우린 반평생이나 함께 했는걸."

"안돼. 한평생이어야 해! 일 분 일 초가 모자라도 한평생이 아니야."

"데이, 너 정말 극 속에 빠졌구나! 극 속에서야 당연하지만 만약 생활 속에서도 그런 생각으로 산다면 이 세상을 우리는 어떻게 살아갈 수 있겠니?"

데이는 어려서부터 경극단에 맡겨 키워진다. 남자아이의 몸으로 여자인 별희의 역할을 맡아 실수를 연발하지만, 어렵게 적응해나가면서 스스로의 정체성에 혼란을 일으킨다.

군벌 시대 경극의 절정기를 맞아 인기를 누리던 그들은 중국으로 진주한 일본군들 앞에서도 공연을 하게 된다. 이로 인해 장개석 정부시절, 한때 간첩으로 몰리기도 하지만, 경극은 여전히 호황을 누린다.

마침내 공산당이 득세하고, 1966년 문화혁명이 시작되면서 11년간 경극공연은 중지된다. 1977년 다시 경극공연이 시작되지만, 데이는 극중 우희가 자결하는 장면에서 실제로 자결해 죽고 만다.

:: 무대 위에서 자결 직전 샬로를 바라보는 데이.

현실과 극을 구분 못 하고 자신이 여자라는 의식에 빠져 있는 데이. 그는 여자로서 태어난 것은 아니지만, 여자로 키워졌다고 말할 수 있다. 경극공연을 위해서 수없이 여자역할을 연습하다보니, 어느덧 스스로의 정체성에 혼란이 온 것이다. 경극에서의 우희와 자신을 동일시하게 되었다고 할까? 하지만 경극배우로서의 치열한 삶을 제외한다면 그의 인생에 또 다른 어떤 의미가 있을까?

곰곰이 생각해보면 이 현실 자체가 극이라고 말할 수 있다. 주어진 역할에 몰두하다보니, 본래의 정체성을 상실하고 이 역할 속에 파묻혀 울고 웃으면서 사는 것은 아닐까?

그렇다면 본래의 정체는 무엇일까? 그 실체가 있는 것일까?

절대적인 실체는 없다고 보는 것이 불교의 입장이다. 심지어 시간과 공간조차 상대적인 개념일 뿐이다.

예컨대, 일체는 나타났다가 사라지는 허공의 꽃(空華)과 같은 것이며, 사라졌다가 나타나는 그림의 떡(畵餠)과 같은 것이어서 실체가 있는 것은 하나도 없다. 하지만 바로 지금 이 순간을 떠나서 영원은 없는 것처럼, 일시적 모습밖에 따로 진실은 없다.

'허공의 꽃'이라고 하는 말은, 통상 눈병을 앓고 있는 사람에게 허공 가운데에 실제로는 없는 꽃이 비쳐지지만, 만일 눈병을 치료하면 병든 눈에 비쳤던 꽃은 저절로 사라져 버린다는 의미로서 쓰이고 있다. 그러므로 중생의 전도된 견해가 사라졌을 때, 진실의 세계가 열린다는 비유로서 '허공의 꽃'이 거론되고 있는 것이다.

하지만, 이것은 상식적인 견해에 불과하다. 진실은 이미 현재에 이 '허공의 꽃' 가운데에 남김없이 드러나 있는 것이다. 병든 눈에 비치고 있는 '허공의 꽃'은 일시적 모습이며 거짓된 모습이지만, 이 외에 진실의 모습이 따로 있는 것도 아니다.

눈병을 앓아 침침한 것이 허망된 것이고, 이밖에 진실된 것이 있다고 한다면, 그것 역시 국한된 사고방식이다. 양파껍질을 벗겨 실체를 찾아내려고 해도 그 속에 따로 무언가 있는 것이 아니다. 양파껍질을 떠나서 양파는 없다.

따라서, 지금 맡고 있는 역할에 충실히 살면 그뿐이다. 다만 배역에 충실하되, 그 속에 파묻혀서 울고 웃는 것이 아니라, 스스로의 배역을 관조하며 즐길 줄 아는 것이 중요하다.

때로는 스스로의 배역을 선택할 줄도 알아야 한다. 배역은 다만 맡겨지는 것이 아니라, 선택할 수 있는 것이다. 지금 살아가면서 하고 있는 생각이나 행동이 나를 규정짓는 것이지, 따로 정해진 '나'가 없기 때문이다.

비구니가 남자니? 여자니?

:: 데이는 어려서부터 교육을 통해 여자로 길들여진다.

색 신 비 시 불
色身非是佛이며　　　　몸뚱이는 부처가 아니며

음 성 역 부 연
音聲亦復然하나　　　　음성 또한 그러하지만

역 불 리 색 성
亦不離色聲하고　　　　또한 몸뚱이와 음성을 떠나서는

견 불 신 통 력
見佛神通力이라　　　　부처님의 신통력을 보지 못하네

『화엄경(華嚴經)』

풀이

1. '**色身**'은 지수화풍의 물질로 이루어진 몸뚱이를 가리킨다.

2. '**不**'은 다음 항과 연결되어 전체를 부정하는 말로 쓰이고 있다.

3. 파도가 곧 바다는 아니지만, 바다가 아니라고 할 수도 없다. 파도를 떠나서 바다를 따로 볼 수 있는 것도 아니다.

영화보다 재미있는 불교이야기

일곱째 이야기

쌀자루

어느 날 해질녘이었다. 경허 화상이 만공 스님을 데리고 탁발을 나갔다가 돌아오는 길이었다. 그 날도 탁발 성적이 매우 좋아서 스님들의 쌀자루에는 쌀이 가득했다. 그러나 흐뭇한 마음과는 달리 짐은 몹시 무거웠고 갈 길은 아직도 까마득했다.

바랑 끈은 어깨를 짓눌러 왔고, 만공 스님은 걸음이 빠른 경허 스님의 뒤를 죽을 둥 살 둥 쫓기에 여념이 없었다.

마침 어느 마을을 지나가게 되었다. 한 모퉁이를 돌아서니 마침 삽짝문이 열리면서 젊은 아낙네가 물동이를 머리에 이고 나왔다. 스무 살이 갓 넘었을까 말까 한 아주 예쁜 새댁이었다.

앞서 가던 경허 스님이 먼저 여인과 마주쳤다. 엇갈려 지난다고 생각되는 순간 경허 스님이 느닷없이 달려들어 여인의 양쪽 귀를 잡고 입술에 번개같이 입을 맞추었다.

"에그머니나!"

여인은 비명을 지르며 물동이를 떨어뜨리고, 어쩔 줄 몰라 하며 도로 집으로 뛰어 들어가 버렸다.

집 안에서 소동이 일어났다. 소동은 곧 이웃에 퍼지고, 급기야 동네 사람들은 "저 놈 잡아라!" 하고 소리치며, 작대기나 몽둥이를 닥치는 대로 집어 들고 뛰어나왔다.

"아니, 어디서 요망한 중놈이 나타나 가지고…"

"어디, 맛 좀 보아라."

이렇게 소동이 번지자 스님은 두 말할 것 없이 뛰기 시작했다. 쌀을 지고 뒤따라가던 만공 스님 또한 '걸음아, 나 살려라.' 하고 함께 뛰지 않을 수 없었다. 만공 스님은 온 힘을

:: 경허 스님. 한국 근대 선종
을 중흥시킨 대선사.

다하여 필사적으로 앞서 뛰어가는 경허 스님을 따랐다.

　몽둥이를 들고 뒤쫓던 마을 사람들의 추격은 무서운 속력을 내어 달아나는 두 스님을 끝까지 쫓지는 못했다.

　이윽고 스님들은 발걸음을 멈추고 쉬어가게 되었다. 마을을 벗어나 절이 보이는 산길에 접어든 스님은 마침내 만공 스님에게 말했다.

　"쌀자루가 무겁더냐?"

　"아이고 스님, 무거운지 어떤지, 그 먼 길을 어떻게 달려 왔는지도 모르겠습니다."

　"그래, 내 재주가 어지간하지? 그러는 사이에 무거움도 잊고, 먼 길을 단숨에 지나왔으니 말이다."

　경허 스님은 만공 스님을 바라보고 흔쾌히 웃으며, 석양이 비낀 먼 촌을 바라보고 있었다.

출처:경허성우선사 법어집 간행회 편, 『경허법어(鏡虛法語)』